W0291509

Mission indigo

CAHIER D'ALGO

CYCLE 4

5e 4e 3e

Sous la direction de Christophe BARNET

Marion ROBERTOU

Agnès VILLATTES

hachette
ÉDUCATION
vous accompagne

Sommaire

A. Travailler les notions

B. Projets

Les fichiers des scripts sont disponibles dans le manuel numérique et sur le site complements-eleves.hachette-education.com

© Hachette Livre 2018, 58 rue Jean Bleuzen, CS 70007, 92178 Vanves Cedex.

www.hachette-education.com
ISBN 978-2-01-702541-2

Tous droits de traduction, de reproduction et d'adaptation réservés pour tous pays.

PAPIER À BASE DE FIBRES CERTIFIÉES

hachette s'engage pour l'environnement en réduisant l'empreinte carbone de ses livres. Celle de cet exemplaire est de :
300 g éq. CO_2
Rendez-vous sur www.hachette-durable.fr

Progression

	A. Travailler les notions	B. Projets	C. Objectif Brevet
1	1. Premiers pas avec Scratch (Pour démarrer)		
	2. Déplacements et construction de figures (Pour démarrer)		
2	1. Premiers pas avec Scratch (Pour s'entraîner)		
	3. Boucles (Pour démarrer)		
3	2. Déplacements et construction de figures (Pour s'entraîner)		
	4. Instructions conditionnelles (Pour démarrer)		
4	5. Variables (Pour démarrer)	1. Le roi des neiges	
5	3. Boucles (Pour s'entraîner)	10. Spirales	Exercice 1
6	1. Premiers pas avec Scratch (Pour approfondir)	7. Abracadabra diviseurs !	Exercice 2
7	6. Clones et messages (Pour démarrer)	11. Rosaces	Exercice 3
8	4. Instructions conditionnelles (Pour s'entraîner)	2. Éclate-ballons	Exercice 4
9	5. Variables (Pour s'entraîner)	4. Le jeu de Duck	Exercice 5
10	3. Boucles (Pour approfondir)	5. Dans le mille !	Exercice 6
11	6. Clones et messages (Pour s'entraîner)	8. Scoop !	Exercices 7 et 8
12	2. Déplacements et construction de figures (Pour approfondir)	6. Habillage à l'aveugle	Exercices 9 ; 10 et 11
13	4. Instructions conditionnelles (Pour approfondir)	3. Chasse aux Gobos	Exercices 12 ; 13 et 14
14	5. Variables (Pour approfondir)	12. Pavage créatif	Exercices 15 ; 16 et 17
15	6. Clones et messages (Pour approfondir)	9. Code secret	Exercices 18 ; 19 et 20

Édition : Mélodie Bagnolati
Fabrication : Miren Zapirain
Mise en page & schémas : Grafatom (Catherine Bonnevialle & Franck Gouvart)
Illustrations : Dafne Saporito
Couverture & maquette intérieure : Anne-Danielle Naname et Laurine Caucat
Les auteurs remercient Katia Odiot pour sa relecture critique.

Crédits photographiques :
©Shutterstock :
p. 26 : photogolfer ;
p. 29 : Vasya Kobelev
p. 32 : Inhabitant ;
p. 33 : Jacek Chabraszewski ;
p. 47 : David Brimm.

1. Premiers pas avec Scratch

Pour démarrer

Activité

Objectif Créer une animation avec deux lutins

1. Choisir le nouvel arrière-plan *Boardwalk* puis reproduire ou ouvrir le script ci-contre dans la zone de script du lutin chat.
Ce script est constitué de cinq commandes représentées par des blocs de couleur.
   - Quelle action faut-il réaliser pour faire fonctionner ce script ? Que fait alors le lutin ?

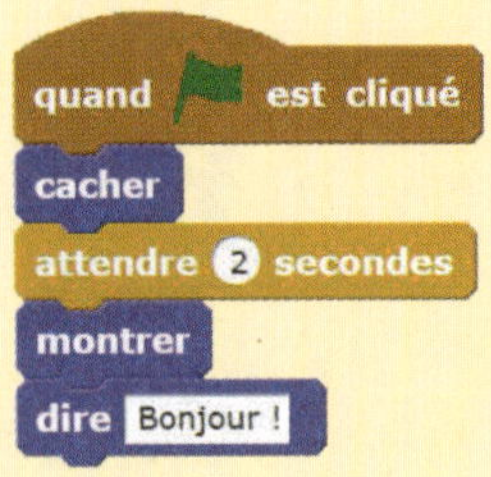

....

....

2. Effacer le script précédent et le remplacer par les scripts ci-contre.
   - Que se passe-t-il lorsqu'on clique sur le drapeau vert ?

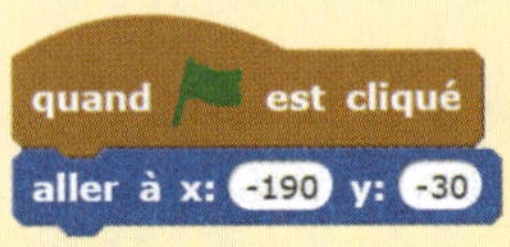

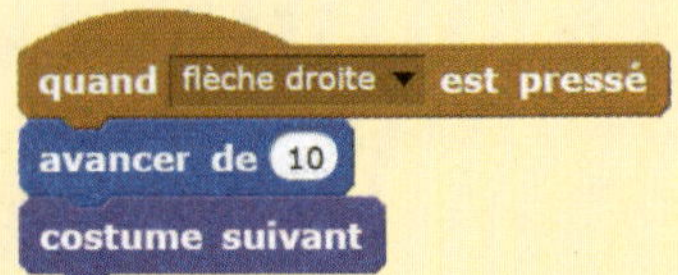

....

3. Cliquer une fois sur le drapeau vert puis plusieurs fois sur la flèche droite du clavier.
   - Expliquer le fonctionnement du programme et décrire l'impression donnée.

....

....

....

4. Réaliser le scénario suivant.
– Lorsque le drapeau vert est cliqué, le chat se place à gauche du ponton, dit « Bonjour » et se demande s'il est seul.
– Lorsque la touche *espace* est pressée, une grenouille apparait à droite du ponton, salue le chat et se présente à son tour.
– L'utilisateur peut déplacer le chat avec la flèche droite du clavier pour le faire marcher jusqu'à la grenouille.
   - Combien de scripts ont été écrits pour chaque lutin ?

....

....

Coup de pouce

- Pour réaliser un script, on déplace et on emboite les blocs avec la souris.

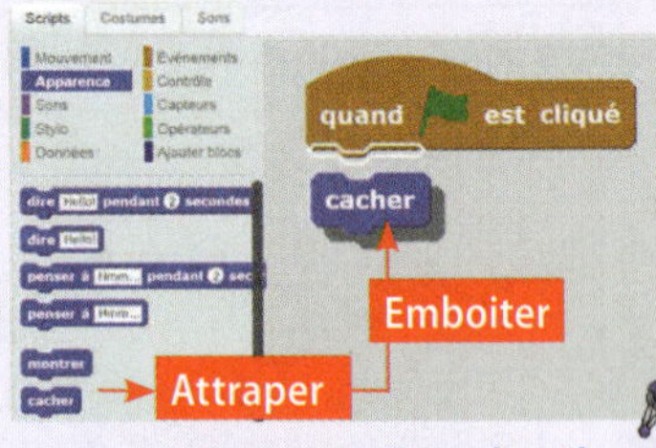

- Pour ajouter un arrière-plan, il faut cliquer sur

Coup de pouce

Les costumes sont les différents aspects possibles d'un lutin. On peut les observer dans l'onglet des costumes.

Coup de pouce

Pour choisir un nouveau lutin, il faut cliquer sur . Attention, chaque lutin a ses propres scripts !

Pour aller plus loin

Faire sauter la grenouille en attendant que le chat la rejoigne.

À retenir

- Scratch est un logiciel qui permet de faire exécuter des **commandes** (ou instructions) à un ou plusieurs **lutins**. Les commandes sont réparties en catégories, que l'on peut repérer par leur couleur.
- Un **script** est une succession de plusieurs commandes. Un **programme** est constitué d'un ou plusieurs scripts.

Catégories de commandes

algorithmique débranchée

1

1. Sur l'image ci-dessous, entourer en vert la zone de scripts, et en rouge la scène.

2. Que se passe-t-il lorsqu'on clique sur le drapeau vert ? ....

3. Que se passe-t-il lorsqu'on presse sept fois la touche *espace* ? Que semble faire *Avery* ? ....

....

2

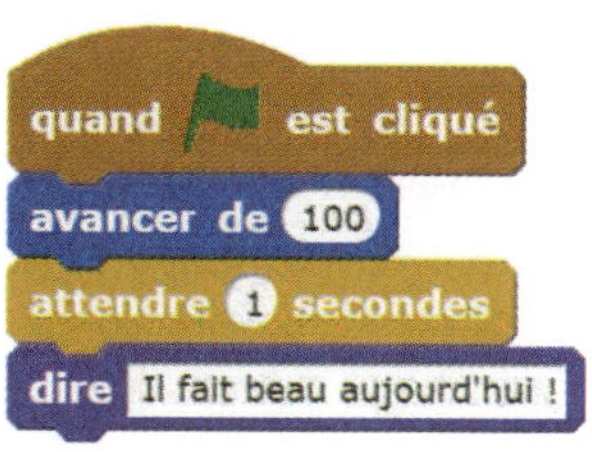

1. Que se passe-t-il lorsque l'utilisateur clique sur le drapeau vert ? ....

....

2. On inverse les commandes avancer de 100 et dire Il fait beau aujourd'hui !. Que se produit-il ?

....

....

3

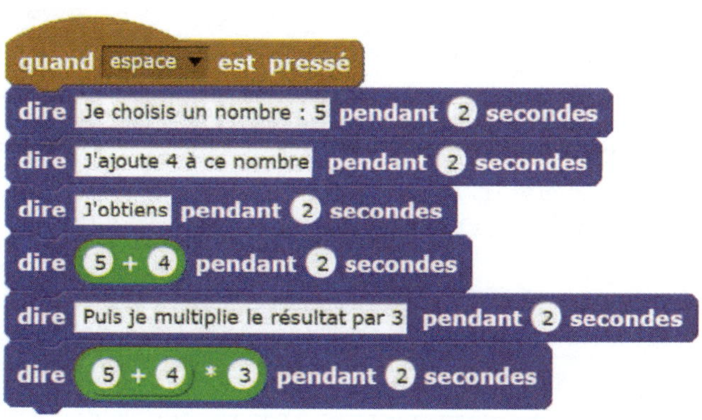

Décrire, étape par étape, ce qu'il se passe quand l'utilisateur presse la touche *espace*.

....

....

....

....

....

....

Pour s'entrainer

algorithmique branchée

1

On considère le script ci-contre.

```
quand [drapeau] est cliqué
dire [13,2 fois 14,5] pendant (2) secondes
```

1. Que dit le lutin lorsqu'on clique sur le drapeau vert ?

....

2. Modifier ce script pour que le lutin donne le résultat de l'opération. Quelle catégorie de commandes faut-il utiliser ?

....

3. Quel est le résultat de ce calcul ? ....

Coup de pouce
Dans Scratch, la virgule est remplacée par un point.

2

```
quand [drapeau] est cliqué
aller à x: (0) y: (0)
s'orienter à (90▾)
effacer tout
stylo en position d'écriture
avancer de (100)
tourner ↻ de (60) degrés
avancer de (100)
tourner ↻ de (60) degrés
avancer de (100)
tourner ↻ de (60) degrés
```

1. Choisir un lutin, puis recopier ou ouvrir le script ci-contre, et le tester.

2. Le lutin a-t-il tracé un triangle équilatéral ? Pourquoi ? ....

....

3. Modifier les angles du script afin d'obtenir le tracé d'un triangle équilatéral. Quelle(s) mesure(s) d'angle(s) faut-il utiliser ? ....

4. Dans quelle catégorie peut-on trouver une commande permettant de répéter trois fois les commandes

```
avancer de (100)
tourner ↻ de (60) degrés
```

sans avoir à les écrire trois fois ? ....

....

5. Modifier le script en utilisant cette commande. Combien de commandes a-t-on « économisées » en modifiant ainsi ce script ? ....

3

1. Choisir dans la bibliothèque l'arrière-plan *Spotlight-stage* et le lutin *Cassy Dance*.

Combien de costumes ce lutin possède-t-il ? ....

2. Déplacer le lutin et réduire sa taille pour qu'il rentre dans la zone éclairée par les projecteurs.

3. Écrire un script permettant, lorsqu'on clique sur le drapeau vert, de changer successivement l'apparence du lutin à l'aide de ses quatre costumes.

4. Quelle commande faut-il utiliser pour distinguer chaque changement d'apparence ? ....

5. Que semble faire le lutin dans ce programme ? ....

4

1. Créer un programme avec deux lutins, un chat et un chien :
- Lorsque le drapeau vert est cliqué, le chien dit « Appuie sur la touche espace, et j'irai voir le chat » ;
- Lorsque le drapeau vert est cliqué, le chat retrouve sa taille initiale ;
- À chaque fois que la touche *espace* est pressée, le chien s'avance vers le chat ;
- À chaque fois que la touche *espace* est pressée, le chat dit « J'ai peur ! », et sa taille diminue de 10.

2. Combien de scripts a-t-on écrits pour chaque lutin ? ....

3. Lorsque le chien s'approche du chat, que se passe-t-il ? ....

....

algorithmique débranchée

5

À l'aide des stickers, réaliser les scripts qui ont permis d'obtenir chacun des affichages suivants.

6

1. Quand Lou exécute ce script, elle constate que le lutin dit « Je m'appelle Scratch ! » sans dire « Bonjour ! ». Expliquer pourquoi.

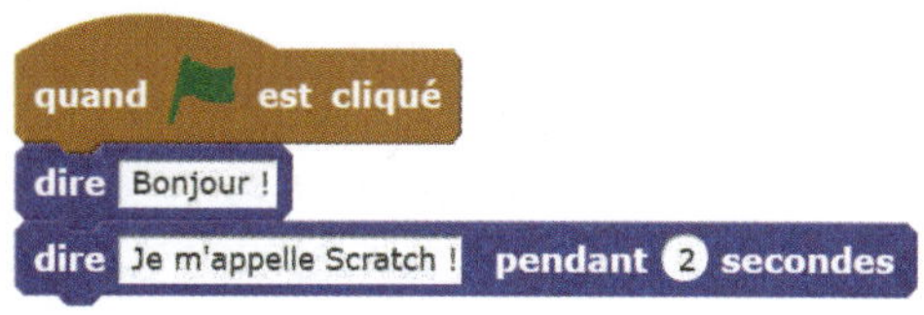

....

....

2. Comment faire pour que le lutin dise d'abord « Bonjour ! » puis « Je m'appelle Scratch ! » ?

....

....

....

7

À l'aide des stickers, réaliser un script dans le cadre ci-contre qui permet au lutin de passer du orange au vert clair, puis au rouge et enfin au violet en laissant passer une seconde entre chaque couleur.

Coup de pouce

Dans Scratch, les couleurs varient entre 0 et 200 suivant ce cercle chromatique.

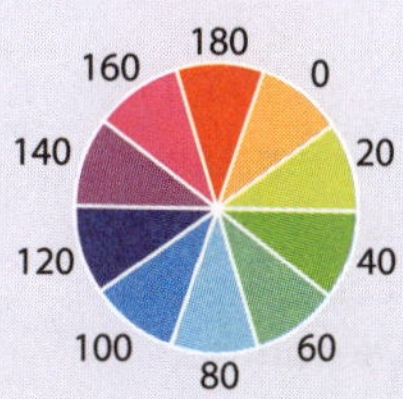

Pour approfondir

algorithmique branchée

1

1. Ouvrir ou recopier le script ci-contre dans la zone de script et le tester.

```
quand [drapeau vert] est cliqué
aller à x: -120 y: 0
effacer tout
estampiller
avancer de 100
mettre l'effet fantôme à 40
```

2. À quoi la commande `estampiller` sert-elle ? ....

3. À quoi la commande `mettre l'effet fantôme à ( )` sert-elle ? ....

4. Compléter le script afin d'obtenir l'image ci-dessous.

a. Combien de fois faut-il utiliser la commande `estampiller` ? ....

b. Peut-on augmenter l'effet fantôme de 40 à chaque fois ? Justifier. ....

2

1. Créer un lutin *Ball*, un lutin *Bat2* et ajouter un nouvel arrière-plan *Party room*. Cliquer sur le lutin *Ball* puis recopier ou ouvrir le script ci-dessous pour ce lutin.

```
quand ce lutin est cliqué
cacher
aller à x: (nombre aléatoire entre -240 et 240) y: (nombre aléatoire entre -180 et 180)
costume suivant
montrer
```

2. À quoi le bloc `nombre aléatoire entre ( ) et ( )` sert-il ? ....

```
quand [drapeau vert] est cliqué
montrer
tourner ↻ de 15 degrés
répéter indéfiniment
    avancer de 5
    rebondir si le bord est atteint
```

3. Écrire le script ci-contre pour le lutin *Bat2*. À quoi le bloc `répéter indéfiniment` sert-il ? ....

4. Modifier le programme pour que, quand le drapeau vert est cliqué, le lutin *Bat2* se positionne sur la scène au hasard, puis se déplace en battant des ailes sans s'arrêter. L'utilisateur clique sur la balle de façon à la déplacer et à la faire changer de couleur au hasard. Quand *Bat2* touche la balle rose, *Bat2* dit « Perdu ! » pendant deux secondes, disparait, puis le jeu s'arrête.

Coup de pouce
Pour arrêter l'exécution de tous les scripts, on peut utiliser la commande `stop tout`.

algorithmique débranchée

3

Voici un script pour le lutin *Bat1* qui dispose de deux costumes *bat1-a* et *bat1-b*.

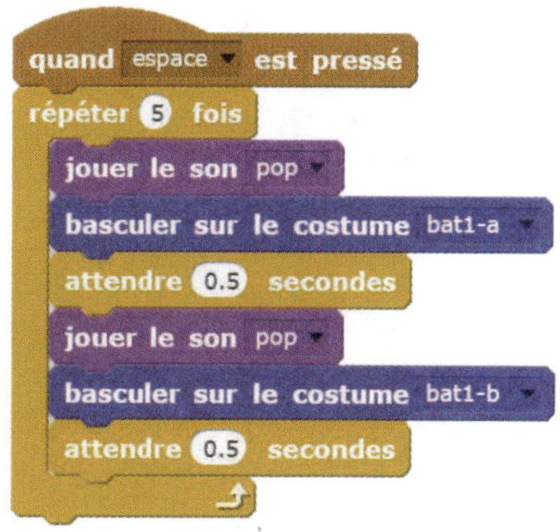

1. Quelle action faut-il réaliser pour que le programme s'exécute ?

....

2. Combien de fois l'utilisateur entend-il le son pop lorsqu'il exécute le programme ? ....

3. Que semble faire le lutin durant ce programme ?

....

4

Timeo a écrit les scripts suivants pour le lutin *Crab*, qui dispose de deux costumes *crab-a* et *crab-b*.

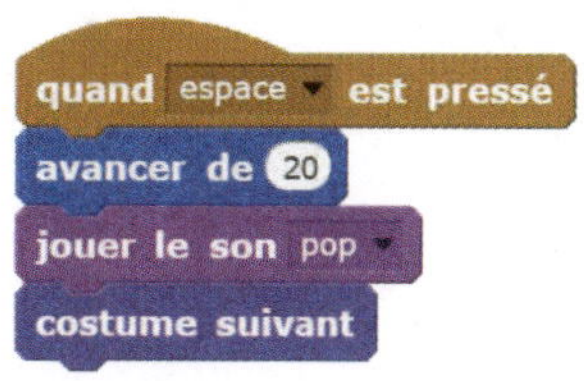

Il appuie une fois sur le drapeau vert, puis cinq fois sur la touche *espace*.

1. Quelles sont alors les coordonnées du crabe ? ....

2. Le crabe a-t-il les pinces fermées ou ouvertes ? ....

5

Voici les scripts de trois lutins *Balloon*.

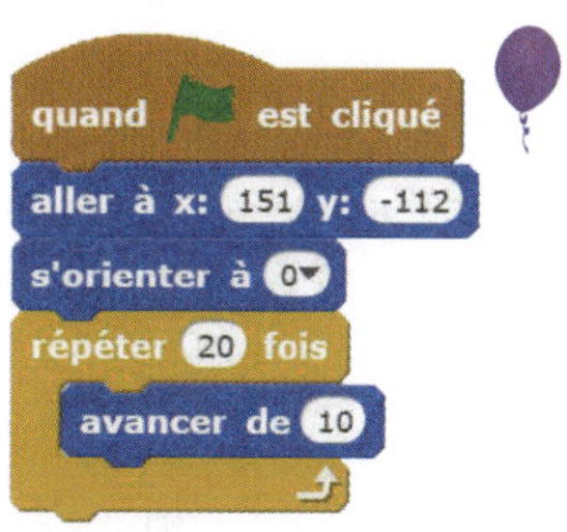

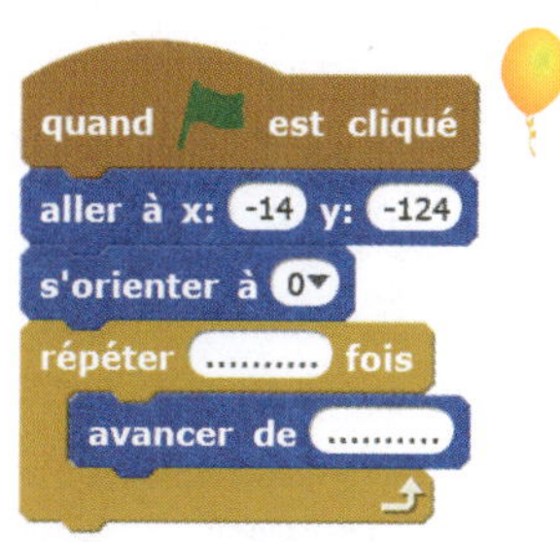

1. Lorsque l'utilisateur clique sur le drapeau vert, que fait le ballon violet ? ....

....

2. Lorsque l'utilisateur clique sur le drapeau vert, une fois les scripts exécutés, quel est le ballon le plus haut : le bleu ou le violet ? Pourquoi ? ....

....

3. Compléter le script du ballon jaune afin qu'il arrive à une hauteur comprise entre celle du ballon bleu et celle du ballon violet. Justifier la réponse. ....

....

2. Déplacements et construction de figures

Pour démarrer

Activité

Objectif **Réaliser des figures géométriques**

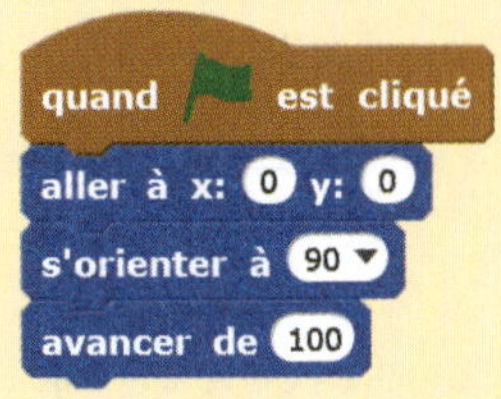

1. Choisir l'arrière-plan *xy-grid* et reproduire ou ouvrir le script ci-contre.

- Cliquer sur le drapeau vert. Que se passe-t-il ?

....

- Comment doit-on modifier le script pour que le lutin avance de cent pas vers le bas ?

....

Coup de pouce

Tu trouveras une commande utile dans la catégorie Stylo.

2. Modifier le script afin que l'on puisse visualiser le déplacement du lutin à l'aide d'un tracé.

- Quelle commande faut-il ajouter dans le script ?

....

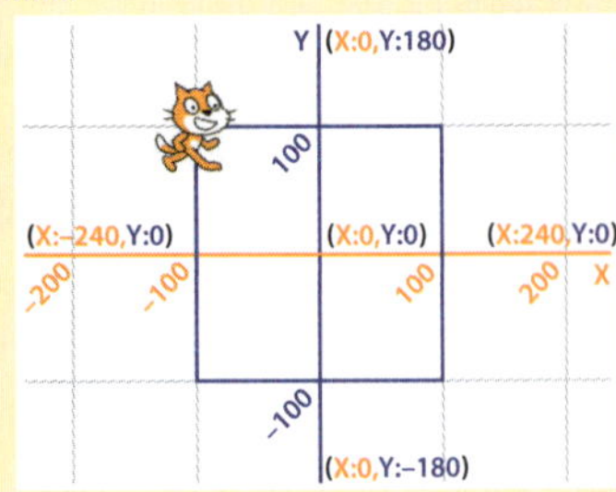

3. Supprimer le script puis écrire un nouveau script permettant d'effacer le tracé précédent et de tracer le carré ci-contre.

- Quelles sont les coordonnées du lutin sur la figure ci-contre ?

....

- Comment peut-on réduire la taille du lutin pour rendre la construction visible ?

....

....

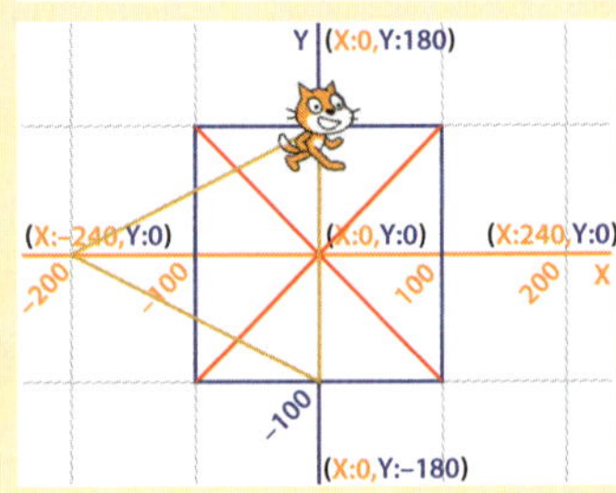

4. Compléter le programme précédent de façon à obtenir la figure ci-contre, dans laquelle le triangle jaune est équilatéral.

- Quelle commande doit-on utiliser pour déplacer le lutin sans tracer de trait ?

....

Pour aller plus loin

Créer un programme pour réaliser les figures suivantes.

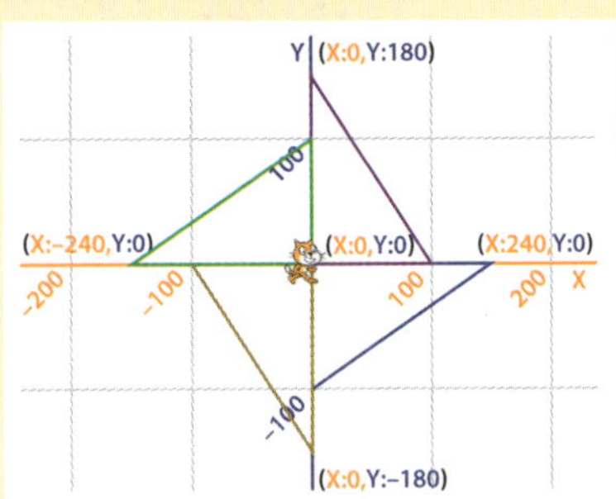

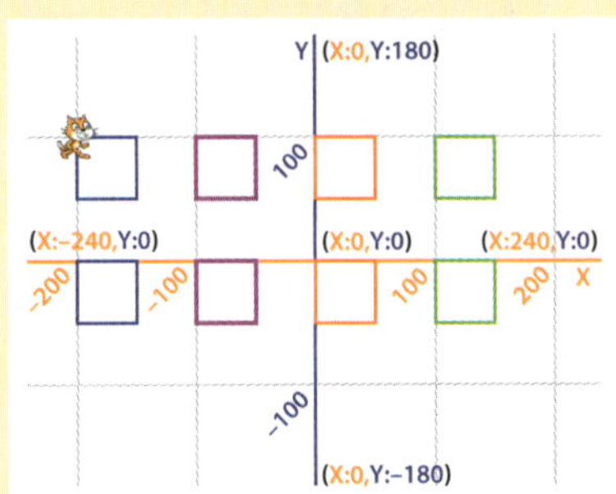

À retenir

- Les commandes de **déplacement** du lutin se trouvent dans la catégorie Mouvement.
- Les commandes qui permettent au lutin de **tracer** des traits lors de ses déplacements se trouvent dans la catégorie Stylo.

algorithmique débranchée

1

1. Entourer le script qui permet d'obtenir cette figure :

①
```
quand [drapeau] est cliqué
stylo en position d'écriture
s'orienter à (0▾)
avancer de (100)
tourner ↻ de (90) degrés
avancer de (50)
tourner ↻ de (90) degrés
avancer de (100)
```

②
```
quand [drapeau] est cliqué
stylo en position d'écriture
s'orienter à (90▾)
avancer de (100)
tourner ↻ de (90) degrés
avancer de (50)
tourner ↺ de (90) degrés
avancer de (100)
```

③
```
quand [drapeau] est cliqué
stylo en position d'écriture
s'orienter à (90▾)
avancer de (100)
tourner ↻ de (90) degrés
avancer de (50)
tourner ↻ de (90) degrés
avancer de (100)
```

2. Tracer les figures obtenues avec les deux autres scripts dans le cadre ci-contre.

2

1. On a défini le bloc de commandes **Initialiser** avec le script ci-contre. Décrire ce qu'il permet de réaliser.

```
définir Initialiser
cacher
aller à x: (0) y: (0)
s'orienter à (90▾)
effacer tout
stylo en position d'écriture
```

....

....

....

....

....

....

Coup de pouce
Une fois qu'un bloc est défini, on peut l'utiliser dans un autre script.

2. Que se passe-t-il quand on clique sur le drapeau vert du script ci-contre ?

```
quand [drapeau] est cliqué
initialiser
avancer de (50)
tourner ↻ de (90) degrés
avancer de (100)
```

....

....

....

....

Pour s'entrainer

algorithmique branchée

1

1. Choisir le lutin *Ball*, puis écrire un programme qui le fait avancer de dix pas vers la droite lorsqu'on appuie sur la flèche droite du clavier.

2. Compléter le programme de la balle afin qu'elle soit commandée par les quatre flèches du clavier. Combien y a-t-il de scripts dans la zone de script de *Ball* ? ……………………

3. Modifier les scripts existants pour que le lutin *Ball* change de couleur lorsqu'il se déplace de dix pas. Comment aurait-on pu obtenir le même résultat sans modifier les scripts existants ?

……………………

……………………

2

1. Importer l'arrière-plan *Labyrinthe* ci-contre (ou dessiner un nouvel arrière-plan avec un parcours similaire) et choisir le lutin *Ghoul*.

Coup de pouce
Pour importer un arrière-plan, il faut cliquer sur 🖼 / 🖌 📷.

2. En utilisant les commandes `aller à x: ◯ y: ◯`, `ajouter ◯ à x` et `ajouter ◯ à y`, et sans utiliser la commande `avancer de ◯`, écrire un programme qui place le lutin à l'entrée du parcours, à gauche, et qui permet de le déplacer dans les quatre directions à l'aide des flèches du clavier.

3. Combien y a-t-il de scripts dans le programme ?

……………………

4. Comment faire pour que le lutin puisse circuler à l'intérieur du parcours ?

……………………

3

1. Écrire un script permettant au lutin de tracer la figure ci-contre (le lutin débute la figure au centre de la scène) en utilisant ces commandes :

`mettre la taille du stylo à 4` `attendre 1 secondes` `effacer tout`
`quand 🏴 est cliqué` `stylo en position d'écriture` `aller à x: ◯ y: ◯`

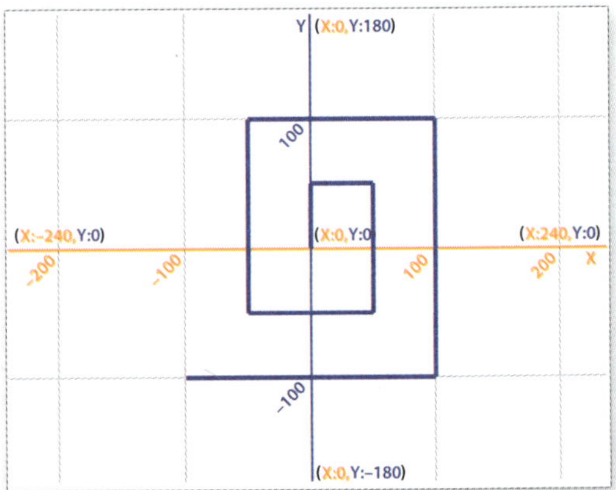

2. Quel est l'intérêt de la commande `attendre 1 secondes` placée dans ce script ?

……………………

3. Ajouter une commande pour que le lutin ne soit pas visible lors du tracé. De quelle commande s'agit-il ? Où faut-il la placer dans le script ?

……………………

4. Quelle commande peut-on utiliser pour que chaque segment soit plus épais que le précédent ? Combien de fois faut-il l'utiliser ?

……………………

algorithmique débranchée

4

1. Quelle figure le programme ci-contre permet-il de tracer ?

....

2. Quelle est l'orientation du lutin à la fin de ce programme ?

....

....

```
définir initialiser
cacher
aller à x: 0 y: 0
s'orienter à 90
effacer tout
stylo en position d'écriture
```

```
quand [drapeau] est cliqué
initialiser
mettre la couleur du stylo à [vert]
avancer de 50
tourner ↻ de 90 degrés
avancer de 50
tourner ↻ de 90 degrés
avancer de 50
tourner ↻ de 90 degrés
avancer de 50
```

5

1. Relier chaque script à la figure qu'il permet d'obtenir (le bloc `initialiser` est le même que celui de l'exercice 4).

①
```
quand [drapeau] est cliqué
initialiser
avancer de 50
attendre 1 secondes
tourner ↻ de 60 degrés
avancer de 50
attendre 1 secondes
tourner ↻ de 60 degrés
avancer de 50
```

②
```
quand [drapeau] est cliqué
initialiser
avancer de 50
attendre 1 secondes
tourner ↻ de 120 degrés
avancer de 50
attendre 1 secondes
tourner ↻ de 120 degrés
avancer de 50
```

③
```
quand [drapeau] est cliqué
initialiser
avancer de 50
attendre 1 secondes
tourner ↻ de 60 degrés
avancer de 50
attendre 1 secondes
tourner ↻ de 120 degrés
avancer de 50
```

Ⓐ 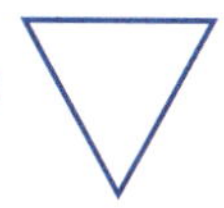

Ⓑ 

Ⓒ 

2. À quoi la commande `cacher` sert-elle dans le bloc `initialiser` ?

....

....

3. À quoi la commande `attendre 1 secondes` sert-elle dans chacun des scripts ? ....

....

6

À l'aide des stickers et du bloc de commandes `Initialiser`, réaliser un script dans le cadre ci-contre permettant de tracer la figure ci-dessous. Attention, certaines commandes peuvent ne pas servir !

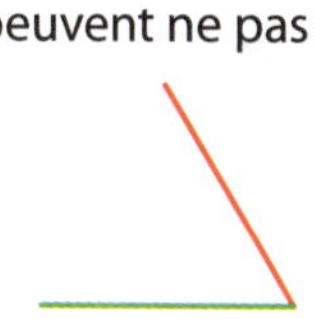

```
définir Initialiser
cacher
aller à x: 0 y: 0
s'orienter à 90
effacer tout
stylo en position d'écriture
mettre la taille du stylo à 3
```

3. Boucles

Pour démarrer

Activité

Objectif Construire un escalier coloré

1. Choisir l'arrière-plan *xy-grid-20px* et le lutin *Ladybug1*. Reproduire ou ouvrir le script ci-contre pour *Ladybug1*.

- Entourer la partie de ce script qui sert à tracer le motif : 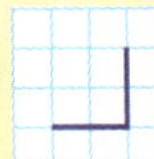 .

```
quand [drapeau] est cliqué
mettre à (50) % de la taille initiale
aller à x: (-200) y: (-140)
s'orienter à (90 ▾)
effacer tout
mettre la taille du stylo à (2)
stylo en position d'écriture
avancer de (40)
tourner ↺ de (90) degrés
avancer de (40)
tourner ↻ de (90) degrés
```

2. Modifier le script afin d'obtenir le tracé ci-dessous.

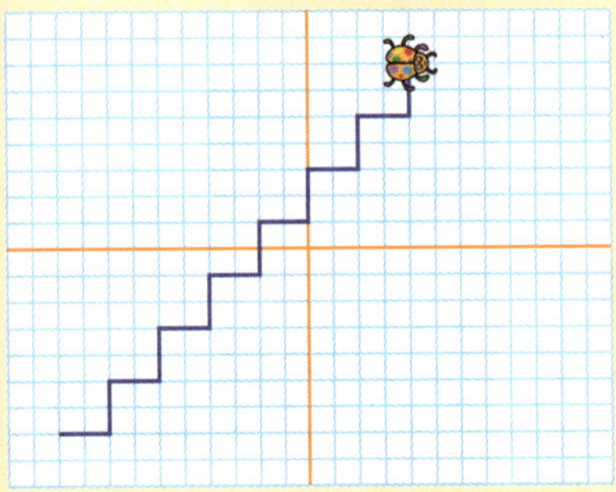

- Quelle commande permet de répéter plusieurs fois le motif 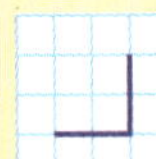 ?

....

....

Coup de pouce

Dans la catégorie Contrôle, tu peux trouver une commande qui permet de **répéter plusieurs fois** d'autres commandes.

3. Modifier le script afin de réaliser l'escalier coloré ci-contre.

- Quelle commande permet de changer la couleur du tracé ?

....

....

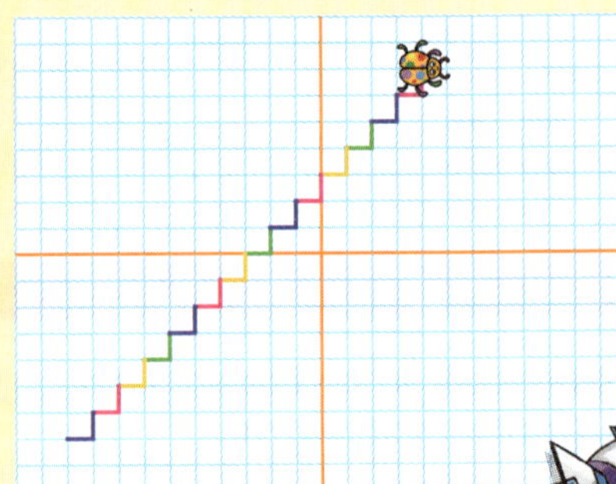

Pour aller plus loin

Écrire un programme qui permet de réaliser cette figure :

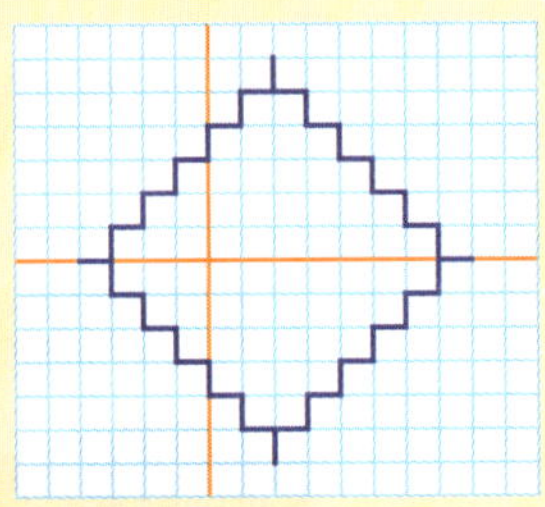

À retenir

- Pour répéter une ou plusieurs commandes **un certain nombre de fois**, on peut utiliser la commande :

  `répéter ( ) fois`

- Pour répéter une ou plusieurs commandes **jusqu'à ce que le script soit arrêté**, on peut utiliser la commande :

  `répéter indéfiniment`

- Pour répéter une suite d'instructions **jusqu'à ce qu'une condition soit réalisée**, on peut utiliser la commande :

  `répéter jusqu'à < >`

algorithmique débranchée

1

1. Relier chaque figure au script qui permet de la dessiner.

Ⓐ 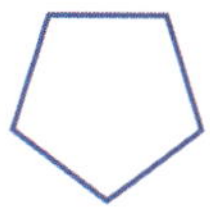

Ⓑ 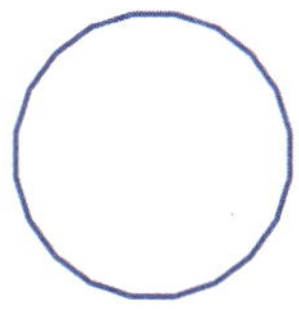

Ⓒ 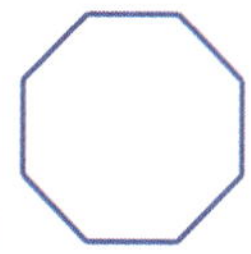

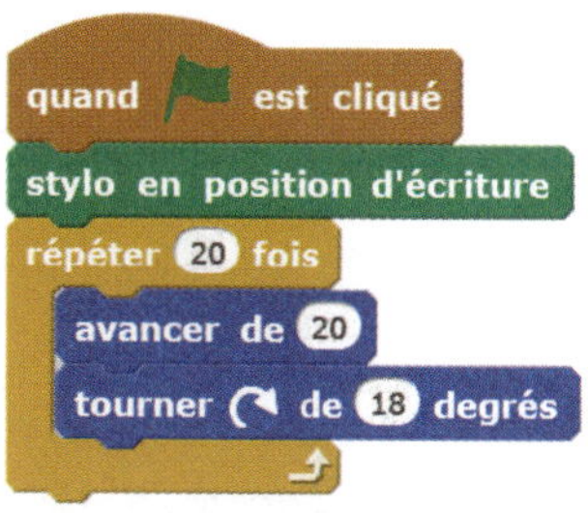

①

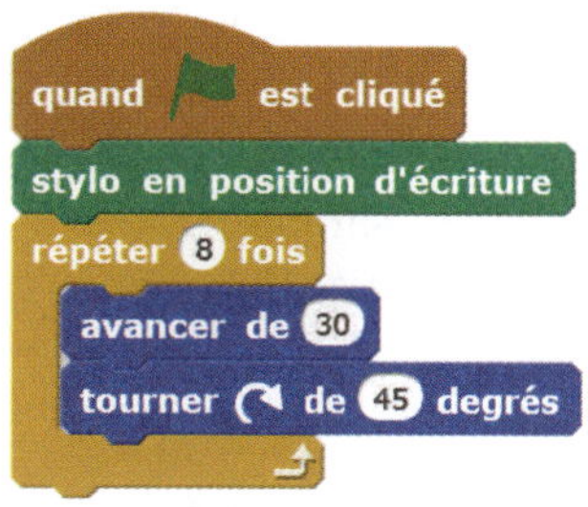

②

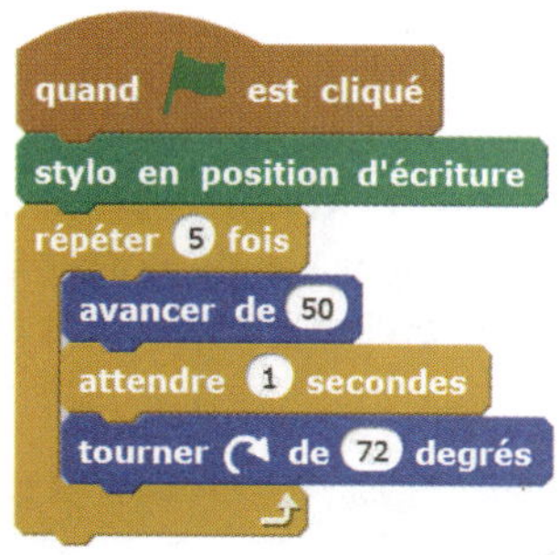

③

2. Pour le script ③, combien de temps faut-il attendre avant que la figure soit totalement tracée ? Justifier la réponse.

....

....

....

2

À l'aide des stickers, réaliser un programme qui permet au lutin d'avancer dix fois de trente pas vers la droite en changeant de costume à chaque fois, en partant du point de coordonnées $x = -180$ et $y = 0$.

Coup de pouce

Les stickers se touvent au centre du cahier. Attention, certaines commandes peuvent ne pas servir !

Pour s'entraîner

algorithmique branchée

1

1. Copier ou ouvrir le script ci-contre, puis l'exécuter.

2. Que dit le lutin lorsque l'utilisateur choisit le nombre 3 ?

....

3. Par rapport au nombre choisi au départ par l'utilisateur, à quoi correspond le nombre énoncé par le lutin à la fin du script ?

....

....

4. Modifier le script précédent pour que le lutin énonce successivement les dix premières puissances consécutives du nombre choisi, en commençant par celui-ci.

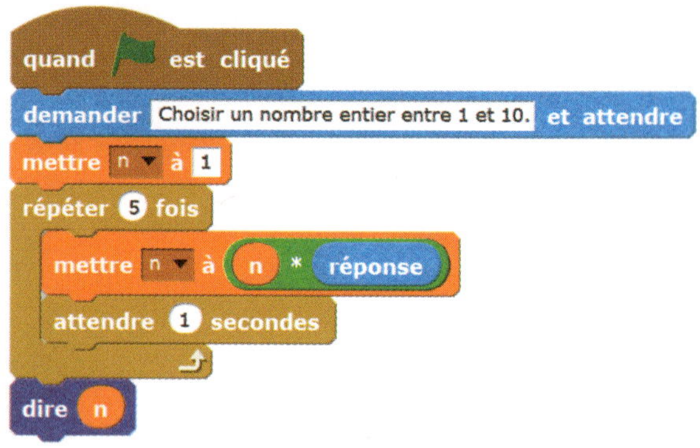

2

1. Créer une variable *nombre* puis copier ou ouvrir le script suivant. Compléter ce script de façon à ce qu'il affiche les 17 premiers multiples non nuls du nombre choisi par l'utilisateur (y compris le nombre lui-même).

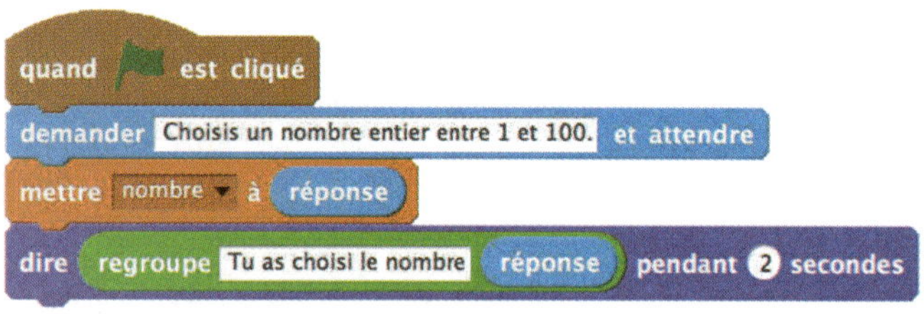

Coup de pouce

La commande regroupe permet d'afficher deux éléments différents à la suite.

2. L'utilisateur choisit le nombre 79. Quel est le dernier nombre donné par le script ? ....

3. Le dernier nombre donné par le programme est 1 139. Quel nombre l'utilisateur a-t-il choisi ? ....

3

1. Choisir les lutins *Arrow1* et *Beachball* ainsi que l'arrière-plan *Rays*.

a. Copier le script ci-contre dans la zone de script de *Beachball* puis le tester.

b. Que fait ce script ? ....

....

....

Script de *Beachball*

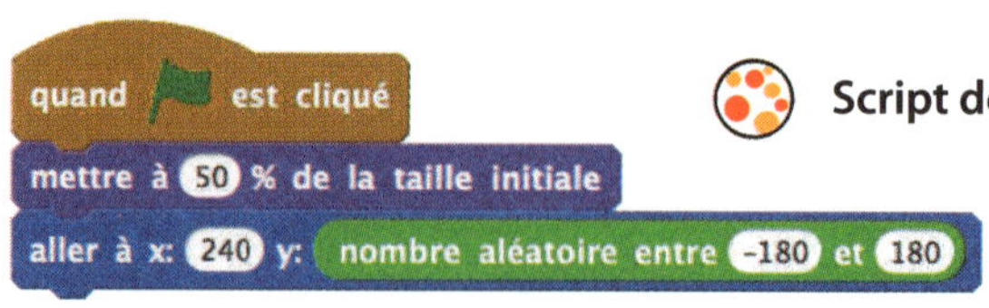

Script de *Arrow1*

2. Copier le script suivant dans la zone de script de *Arrow1* puis le compléter afin que *Arrow1* :
- tourne sur lui-même jusqu'à ce que la touche *espace* soit pressée ;
- avance jusqu'à toucher le bord de la scène lorsque la touche *espace* est pressée.

3. Terminer le programme afin qu'il dise au joueur s'il a gagné ou perdu.

Coup de pouce

Utilise deux fois la commande

algorithmique débranchée

4

1. On a choisi l'arrière-plan *xy-grid-30px* dans lequel chaque carreau mesure trente pas de côté. Dessiner sur la scène le tracé que réalise le programme.

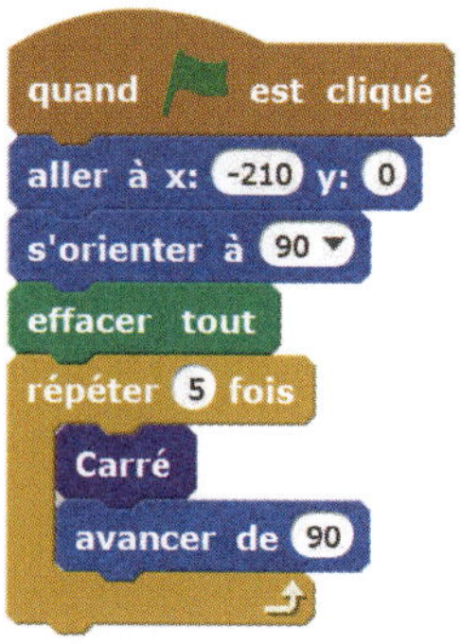

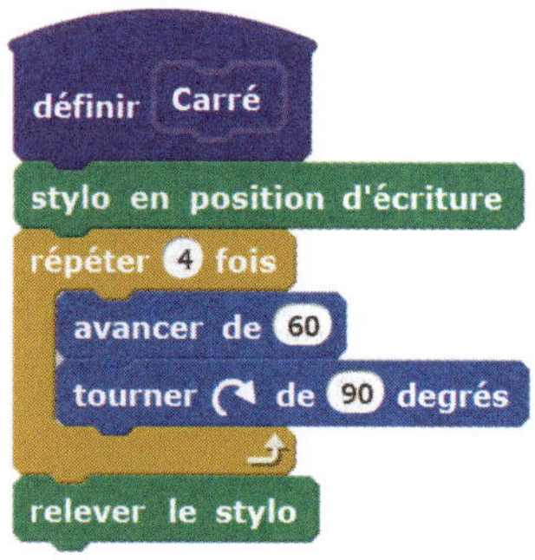

2. Le script de gauche a été modifié de la façon suivante.

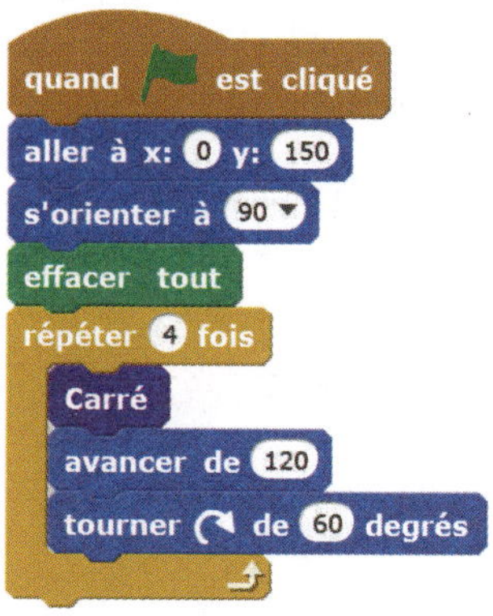

a. Entourer le tracé réalisé par le programme suite à ce changement.

Ⓐ 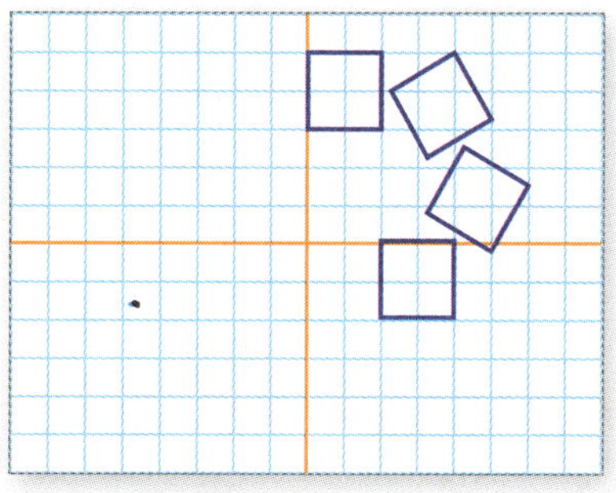

Ⓑ 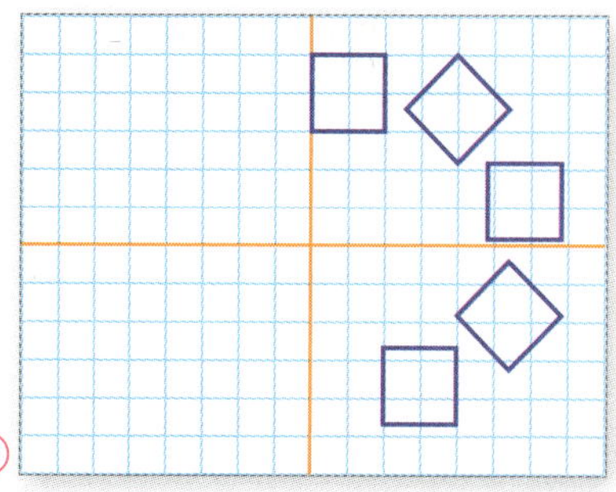

b. Que faut-il modifier dans ce script pour obtenir l'autre tracé ?

....

....

5

1. Expliquer la différence de fonctionnement entre les deux scripts ci-contre.

....

....

....

....

....

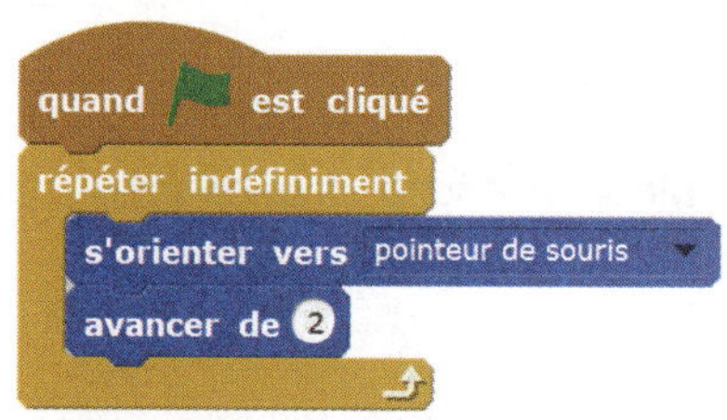

①

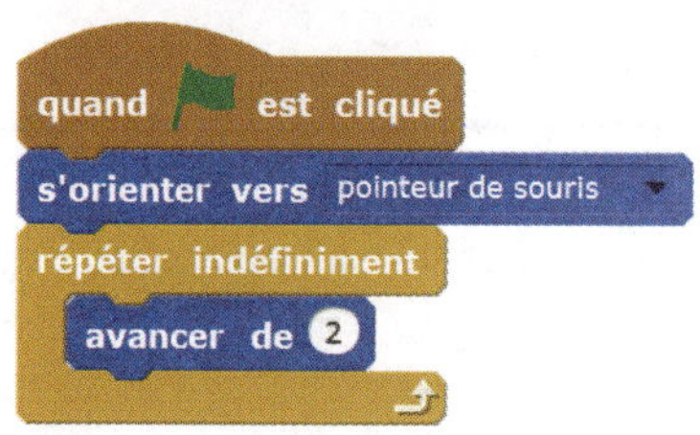

②

2. Quel script permet à l'utilisateur de faire faire au lutin le tour de la scène ? Comment l'utilisateur doit-il s'y prendre ?

....

....

....

Pour approfondir

algorithmique branchée

1

1. Reproduire ou ouvrir le programme suivant, puis dessiner le tracé réalisé lorsqu'on clique sur le drapeau vert, en précisant les longueurs et les mesures d'angles.

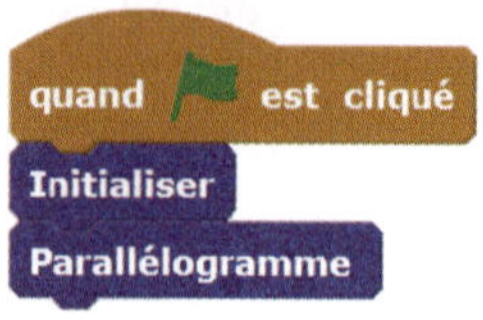

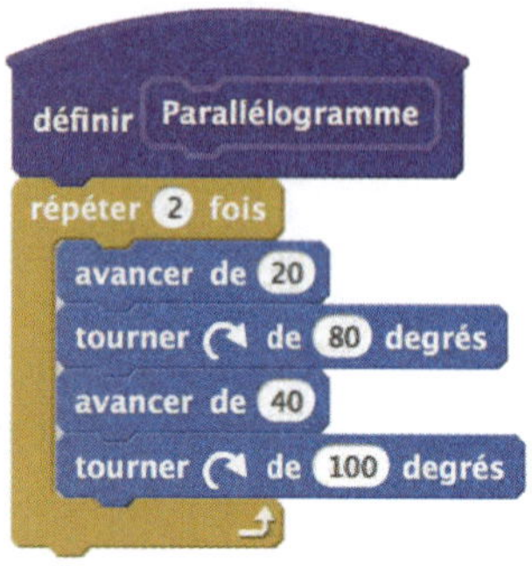

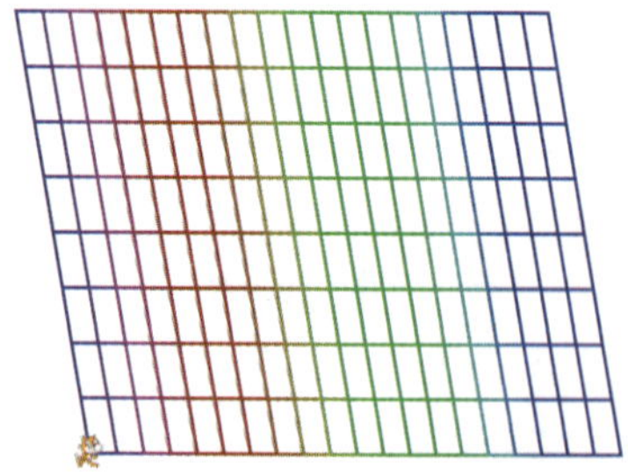

2. Compléter le programme pour que le lutin trace le pavage ci-contre.
Dans quel ordre les parallélogrammes sont-ils tracés dans le pavage créé ?

....

....

2

1. Choisir la scène *xy-grid* et le lutin *Ball*. Reproduire ou ouvrir le script ci-contre et le compléter pour qu'il estampille dix fois le lutin *Ball* en un point de la scène au hasard, dont l'ordonnée est égale au produit de son abscisse par deux.
Que peut-on dire de la position des estampilles ? Pouvait-on le prévoir ?

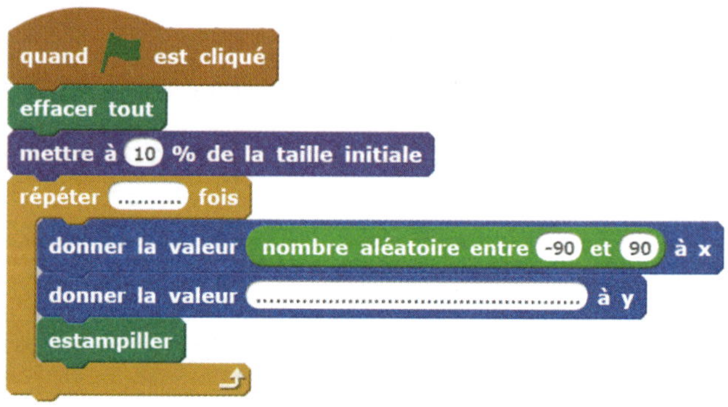

....

....

....

....

2. Modifier le script pour donner l'impression de tracer un segment. Comment obtient-on cette impression ?

....

....

....

3. Modifier le programme pour remplacer la valeur 2 par une valeur saisie par l'utilisateur. Quelle différence y a-t-il si l'utilisateur saisit un nombre positif ou un nombre négatif ? ....

....

....

....

3

La scène suivante a été créée avec des scripts pour chacun des trois lutins.

Script de *Shark*

```
quand [drapeau] est cliqué
basculer sur le costume (shark-a)
aller à x: (0) y: (120)
s'orienter à (90)
répéter indéfiniment
    avancer de (2)
    rebondir si le bord est atteint
```

Script de *Fish2*

```
quand [drapeau] est cliqué
aller à x: (0) y: (0)
montrer
s'orienter à (nombre aléatoire entre (50) et (80))
répéter jusqu'à <(Shark) touché?>
    avancer de (5)
    rebondir si le bord est atteint
dire [Aïe !!!] pendant (2) secondes
cacher
```

Script de *Crab*

```
quand [drapeau] est cliqué
répéter indéfiniment
    glisser en (2) secondes à x: (nombre aléatoire entre (-180) et (180)) y: (-170)
```

1. Dans quelle partie de la scène et de quelle manière *Shark* se déplace t-il ? ....

....

2. Est-ce que *Crab* se déplace à une vitesse uniforme ? Justifier la réponse. ....

....

3. À quelle condition *Fish2* dit-il « Aïe !!! » et disparait-il ? ....

....

4

1. On donne le script ci-contre. Que dit le lutin à chaque étape de l'exécution de la boucle ?

....

```
quand [drapeau] est cliqué
mettre [n] à (0)
mettre [Somme] à (0)
répéter jusqu'à <(Somme) > (1000)>
    ajouter à [n] (1)
    mettre [Somme] à ((Somme) + (n))
    dire (regroupe [n vaut] (n)) pendant (2) secondes
    dire (regroupe [Somme vaut] (Somme)) pendant (2) secondes
```

2. Compléter le tableau avec les valeurs dites par le lutin lors des cinq premières étapes.

	n	*Somme*
1re étape	1	1
2e étape		
3e étape		
4e étape		
5e étape		

3. a. À la 10e étape, combien vaut *n* ? Combien vaut *Somme* ? ....

b. Écrire un calcul à l'aide d'une seule expression qui permet de calculer cette valeur de *Somme*.

....

4. Instructions conditionnelles

Pour démarrer

Activité

Objectif **Créer un programme qui fait voler un papillon sur une scène munie d'une loupe représentée par un disque. Lorsque le papillon est dans le disque, il y a un effet « loupe ».**

1. Créer un lutin *Butterfly1* et choisir l'arrière-plan *light*. Créer le mouvement du papillon en copiant le script ci-contre dans la zone de scripts.

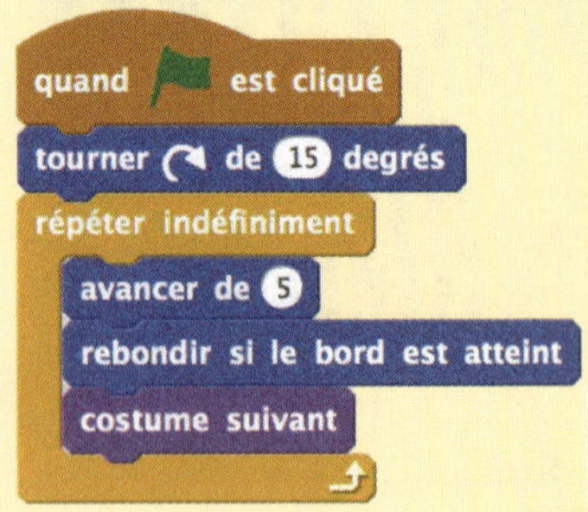

- Pourquoi a-t-on besoin de la commande [répéter indéfiniment] ?

....

- Quel rôle la commande [costume suivant] joue-t-elle dans ce script ?

....

2. Créer un script qui permet de changer la taille de *Butterfly1* de cette manière :
– si *Butterfly1* est en dehors du disque blanc, alors il est de petite taille.
– si *Butterfly1* est dans le disque blanc, il est de grande taille.

- Quelle commande permet de modifier la taille du papillon ?

....

....

Coup de pouce
Tu trouveras une commande utile dans la catégorie [Contrôle].
Pour choisir la couleur, il suffit de cliquer sur [couleur ■ touchée?] puis sur la couleur souhaitée.

3. Améliorer l'effet loupe en créant un contour noir autour du disque blanc. Lorsque le papillon touche le contour noir, il est masqué.

Coup de pouce
Dans l'onglet des arrières-plans, tu peux tracer un cercle avec l'outil ◯ et choisir son épaisseur avec le curseur ▬.

Pour aller plus loin

Créer un deuxième lutin qui vole également. Lorsque le papillon et ce deuxième lutin se touchent, ils disent « Aïe ! » et s'éloignent l'un de l'autre.

À retenir

- Une **instruction conditionnelle** permet de tester si une **condition** est réalisée ou non puis, selon le résultat du test, d'exécuter une ou plusieurs **actions**.

- Si le lutin touche la couleur rouge, alors il tourne de 90° dans le sens des aiguilles d'une montre (sinon il ne fait rien).

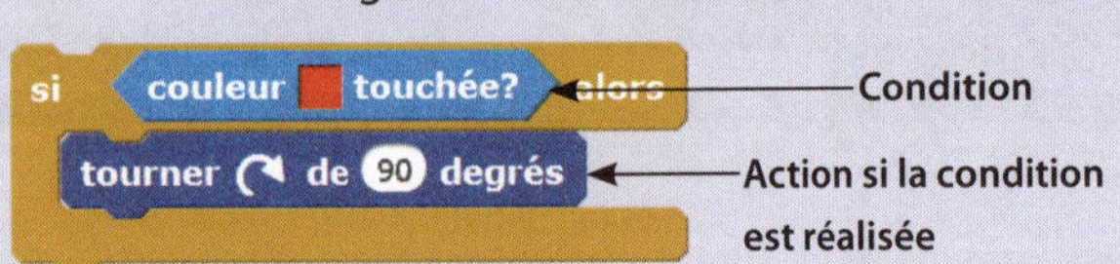

- Si le lutin touche un bord, alors tous les scripts s'arrêtent, sinon le lutin avance de dix pas.

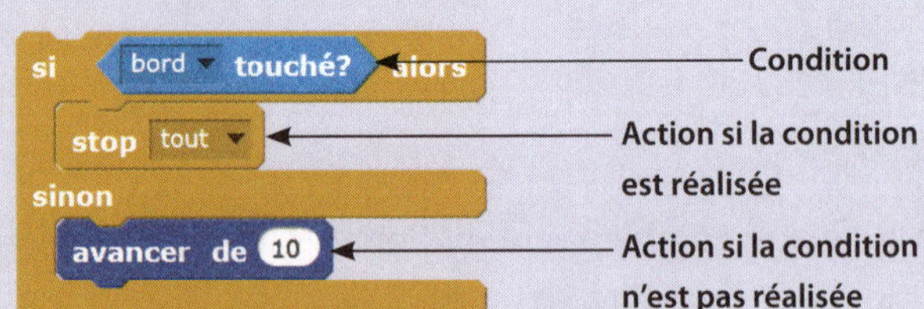

algorithmique débranchée

1

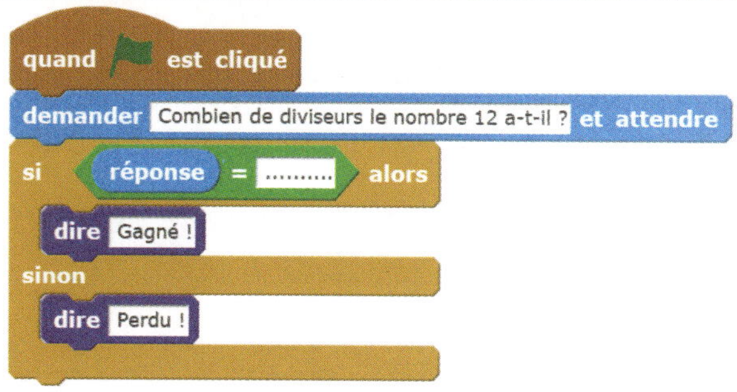

1. Compléter le script. Justifier la réponse. ....

....

2. Que dit le lutin si on exécute le script et qu'on donne la réponse 4 ? ....

3. Que dit le lutin si on exécute le script et qu'on donne la réponse 6 ? ....

2

1. Compléter la commande  dans le script ci-contre.

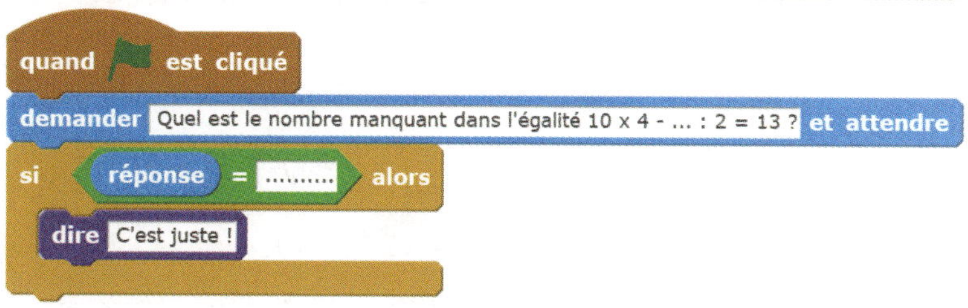

2. Quel est l'affichage obtenu si le nombre saisi par l'utilisateur est 14 ?

....

3. Comment peut-on modifier ce script pour qu'il avertisse l'utilisateur s'il se trompe ?

....

....

3

Voici un script et l'emplacement du lutin *Beetle* sur la scène.

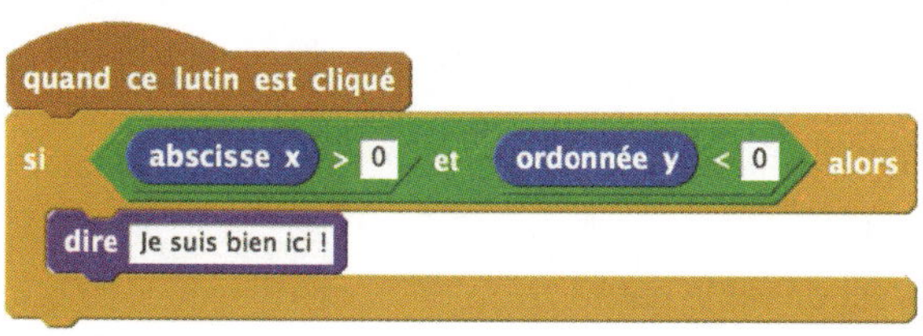

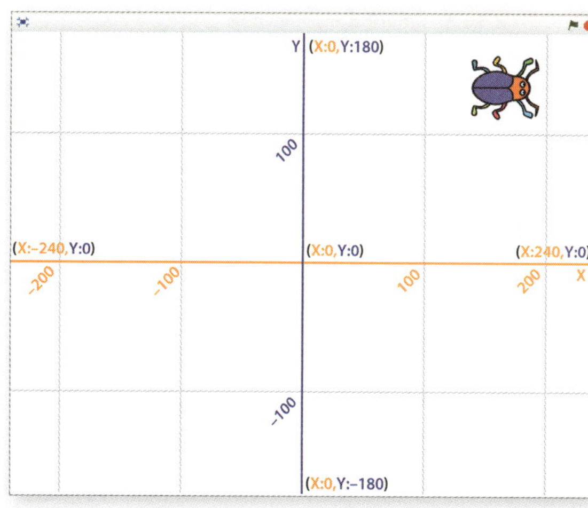

1. Si l'utilisateur clique sur le lutin *Beetle* situé à l'emplacement donné par l'image ci-contre, celui-ci dira-t-il « Je suis bien ici ! » ? Pourquoi ?

....

....

....

....

2. Comment peut-on modifier ce script pour que *Beetle* dise « Je suis bien ici ! » alors qu'il est situé à l'emplacement donné par l'image ? ....

....

Pour s'entrainer

algorithmique branchée

1

1. Que fait le script ci-contre ?

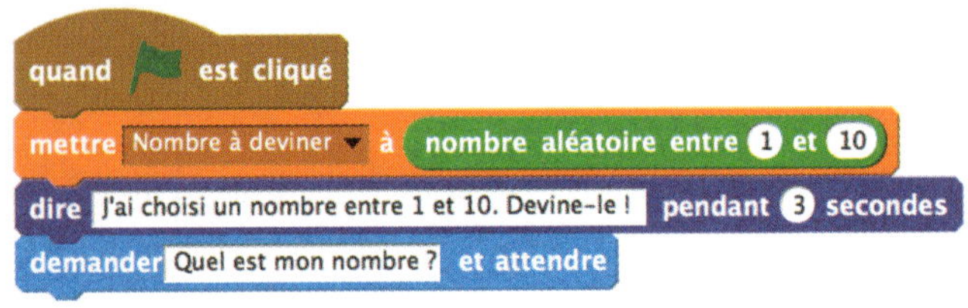

Le but de ce script est de deviner le nombre choisi.

2. On souhaite compléter ce script de façon à ce que le lutin dise « Exact ! » si la réponse de l'utilisateur est correcte, et qu'il dise « Ce n'est pas ça ! » si sa réponse est incorrecte. Dans ce dernier cas, on veut que le lutin donne le nombre qu'il fallait trouver. Entourer la (ou les) instruction(s) dont on aura besoin puis compléter le script.

2

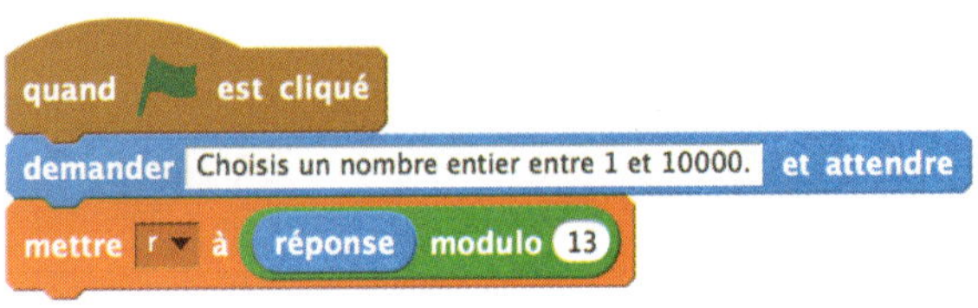

1. Reproduire ou ouvrir le script ci-contre et le tester en saisissant différentes réponses.
À quoi le nombre *r* correspond-il pour chaque nombre choisi par l'utilisateur ?

2. Compléter le script de façon à ce que le lutin dise « Ton nombre est divisible par 13 » ou « Ton nombre n'est pas divisible par 13 » selon les cas.

3. À l'aide de ce script, donner le plus petit nombre supérieur à 100 qui est divisible par 13.

4. Donner la liste de tous les nombres divisibles par treize compris entre 100 et 200.

Coup de pouce
Cherche une astuce pour ne pas avoir à tester tous les nombres avec le script.

5. Modifier le script afin que le lutin teste si le nombre choisi est un multiple de 23. Le nombre 9 475 est-il un multiple de 23 ? Pourquoi ?

algorithmique débranchée

3

À l'aide des stickers, réaliser un jeu qui simule le lancer de deux dés à six faces. On gagne si on réalise un double.

4

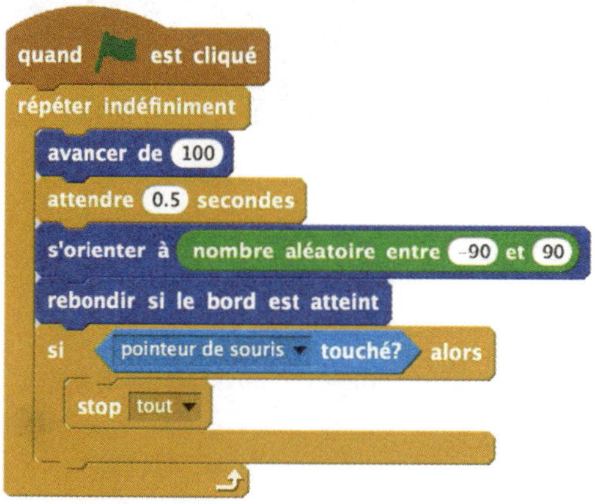

1. Quel mouvement le lutin décrit-il lorsque l'utilisateur clique sur le drapeau vert ?

....

....

2. Pourquoi a-t-on utilisé la commande « attendre 0.5 secondes » ?

Cette comande permet de donner un délai entre les différentes actions.

3. Quelle est l'action qui arrête le script ? Si le pointeur de la souris est touché alors le scrip s'arrête.

5

Sofiane souhaite réaliser un script permettant au chat de dire « J'ai chaud ! » lorsqu'il touche du rouge et « J'ai froid ! » lorsqu'il touche du bleu. Voici son script et ce qu'il obtient sur la scène.

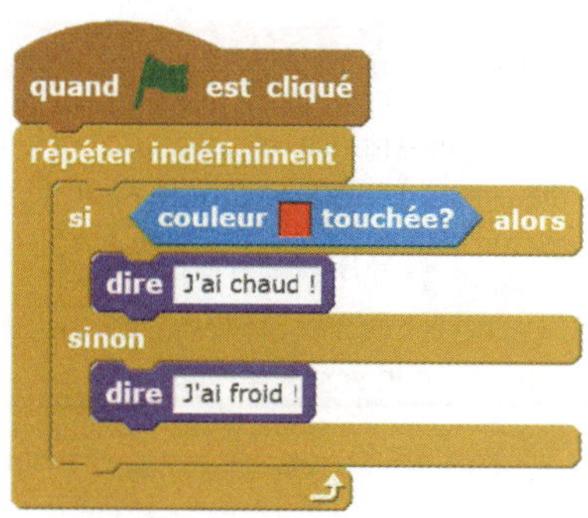

1. Le script de Sofiane donne-t-il le résultat attendu ?

Ce n'est pas le résultat attendu.

....

2. Expliquer pourquoi le lutin dit « J'ai froid ! » sur la scène ci-contre.

Car dans le script il est dit que si il touche le rouge il doit dire "j'ai chaud" et si il ne la touche pas il doit dire « j'ai froid »

Pour approfondir

algorithmique branchée

1

Un théâtre propose deux formules :

- **Avec abonnement :** 25 € l'abonnement annuel puis 14 € la place.
- **Sans abonnement :** 18 € la place.

1. Écrire un programme permettant de déterminer la formule la plus avantageuse après avoir demandé à l'utilisateur d'indiquer le nombre de places qu'il souhaite acheter dans l'année.

2. Utiliser le programme pour répondre aux questions suivantes.

a. Quelle est la formule la plus avantageuse pour treize places achetées dans l'année ? ....

b. Quelle est la formule la plus avantageuse pour quatre places achetées dans l'année ? ....

....

3. À l'aide du programme, indiquer à partir de combien de places achetées dans l'année, la formule avec abonnement devient plus avantageuse. ....

2

1. Lucie affirme que l'égalité $5 \times 4 + 1 = 2 + 1 \times 7$ est vraie.

a. Réaliser un script permettant au lutin d'indiquer si cette égalité est vraie ou fausse puis déterminer si Lucie a raison.

....

b. Quelle est l'erreur commise par Lucie ? ....

....

....

2. Lucie veut tester l'égalité $10^5 + 10^{-5} = 100\,000$.

a. Que peut-on dire de cette égalité en utilisant la calculatrice ?

....

b. Modifier le script pour tester si cette égalité est vraie.

c. Quel est le résultat affiché par ce script ? Expliquer ce résultat.

....

....

....

....

Coup de pouce

L'opérateur [10^ de ○] permet de calculer une puissance de 10 d'un nombre relatif.

3

On souhaite écrire un script de sorte que le lutin demande à l'utilisateur, à dix reprises, le résultat d'une multiplication de deux nombres entiers choisis au hasard par le programme entre deux et douze. Le lutin indique si le résultat est correct ou non à chaque calcul puis affiche le nombre de bonnes réponses obtenues à la fin.

1. Parmi les commandes ci-contre, entourer celle(s) dont on aura besoin pour écrire le script.

2. Combien de variables (au minimum) sont nécessaires à l'écriture du script ? Que représente chacune d'elles ?

....

....

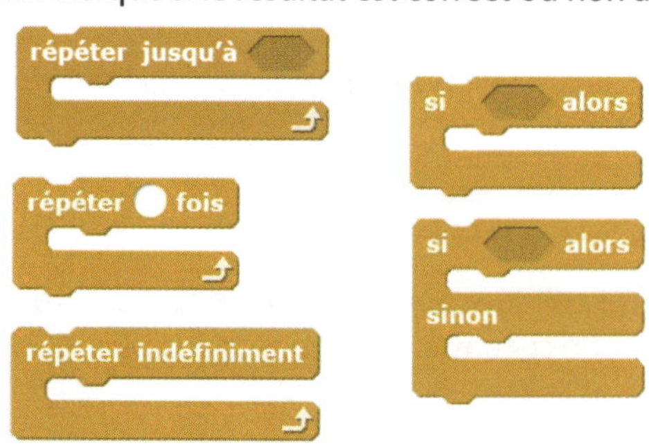

3. Réaliser ce script.

algorithmique débranchée

4

Nathan souhaite écrire un programme permettant de déterminer si un nombre choisi par l'utilisateur est ou non solution d'une équation. Voici son travail.

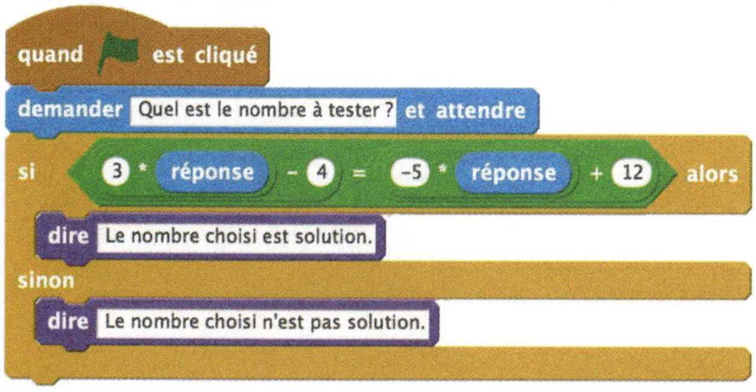

1. Qu'affiche le lutin si le nombre choisi est 1 ? ....

2. Qu'affiche le lutin si le nombre choisi est 2 ? ....

3. Quelle est l'équation concernée ? ....

5

Script d'Anna

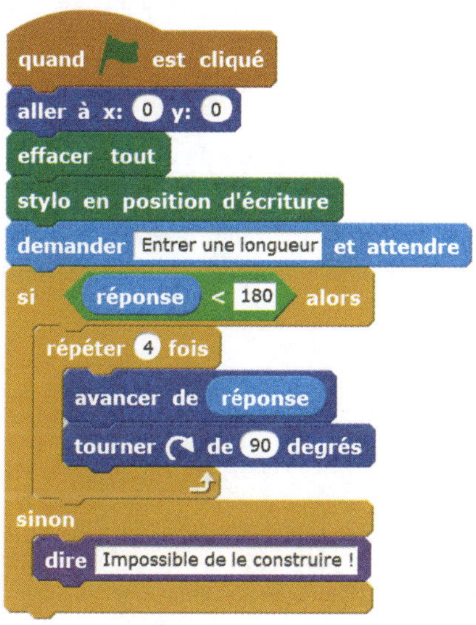

Script de Lucas

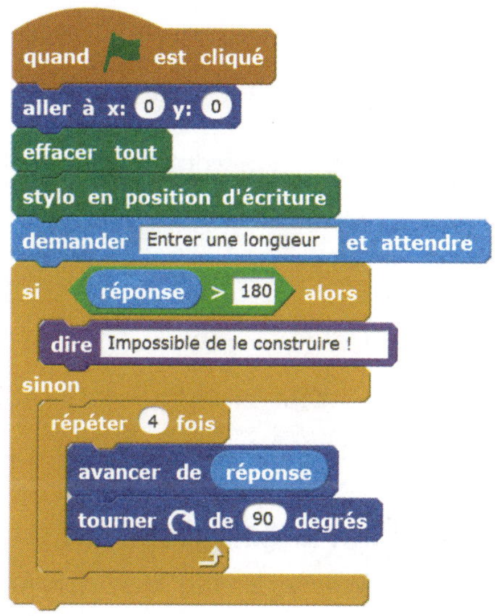

1. Que fait le script d'Anna ? ....

2. Pour quelles valeurs le lutin dit-il « Impossible de le construire ! » ? ....

3. Lucas dit que son script fait exactement la même chose que celui d'Anna. A-t-il raison ? ....

4. Comment peut-on modifier le test de l'instruction conditionnelle de Lucas pour que les deux programmes donnent le même résultat quelle que soit la valeur saisie par l'utilisateur ?

....

5. Variables

Pour démarrer

Activité

Objectif **Créer un programme dans lequel le lutin demande à l'utilisateur les dimensions d'un rectangle puis le trace et calcule son aire.**

1. Écrire un script permettant au chat de demander à l'utilisateur son prénom, puis d'afficher un message semblable à celui ci-contre.

- Quelle commande permet au programme de poser une question ?

....

....

2. Compléter le script pour que le lutin demande à l'utilisateur la longueur et la largeur d'un rectangle et qu'il le trace.

- Combien de variables sont nécessaires ? À quoi correspondent-elles ?

....

....

....

3. Compléter le script afin que le lutin dise ensuite l'aire du rectangle.

- Que dit le lutin si l'utilisateur saisit les valeurs 50 et 120 ?

....

....

Coup de pouce

Tu trouveras des commandes utiles dans la catégorie Capteurs et Opérateurs.

Coup de pouce

Pour mémoriser une valeur, tu peux utiliser une **variable.** Dans la catégorie Données, tu peux créer une variable, lui donner un nom, puis mettre une valeur dans cette variable.

Coup de pouce

Pour effectuer des calculs, tu peux utiliser les opérations présentes dans la catégorie Opérateurs.

Pour aller plus loin

- Modifier le script afin que le lutin dise le périmètre du rectangle à la place de son aire.
- Modifier le script afin que le lutin trace, à la place du rectangle, un parallélogramme dont un des angles est choisi par l'utilisateur.

À retenir

- Dans un script, une variable a :
  – un nom (une lettre ou un mot) ;
  – une valeur (un nombre, un mot) qui peut changer au cours de l'exécution du script.
- La commande **mettre** variable **à** ☐ permet de donner une valeur à une variable.
- La commande **ajouter à** variable ◯ permet d'ajouter un nombre à la valeur d'une variable.
- Si on utilise la commande **demander** ☐ **et attendre**, la réponse de l'utilisateur est stockée dans la variable **réponse**.

algorithmique débranchée

1

Voici un script.

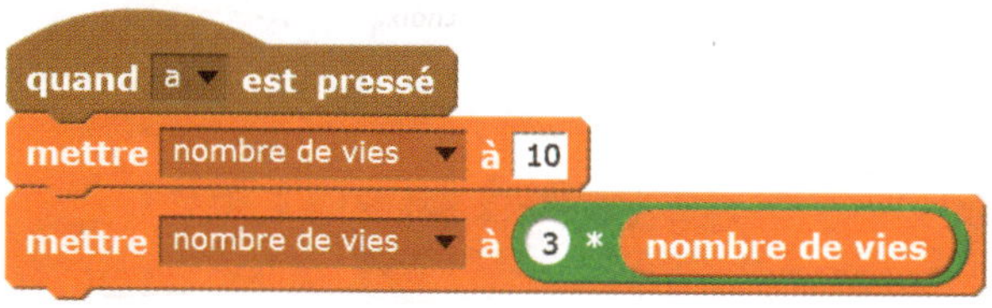

1. Que vaut la variable *nombre de vies* après avoir appuyé sur la touche « a » ? ....

2. Que vaut la variable *nombre de vies* après avoir appuyé trois fois de suite sur la touche « a » ? ....

....

2

1. À l'aide des stickers, reconstituer le script correspondant au programme de calcul suivant.

> On choisit un nombre, on lui ajoute 5, on double le résultat obtenu, puis on lui retranche 3.

2. Quel est le résultat obtenu si l'utilisateur choisit le nombre 2 au départ ?

....

....

3

1. Quel est le nom de la variable utilisée dans le programme ci-contre ?

....

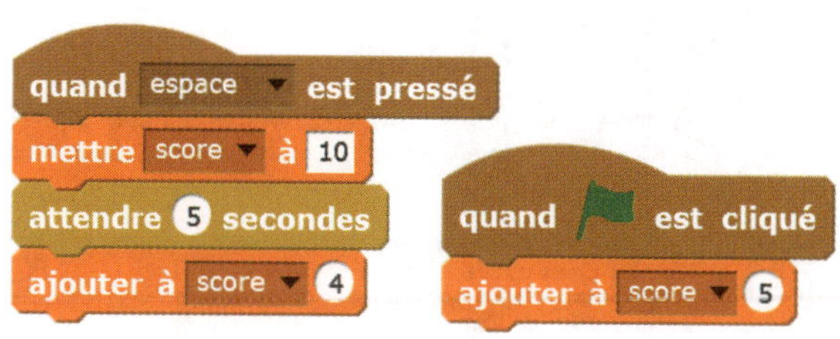

2. Malika appuie sur la touche *espace*.

a. Que vaut la variable pendant les cinq premières secondes ?

....

b. Que vaut la variable à partir de la sixième seconde ? ....

3. Après avoir appuyé sur la touche *espace* et attendu cinq secondes, Malika clique trois fois sur le drapeau vert.

Que vaut alors la variable ? ....

Pour s'entrainer

algorithmique branchée

1

1. À l'aide des commandes ci-contre, écrire un script qui permet au lutin de compter de 1 à 3 puis de dire « Partez ! ».

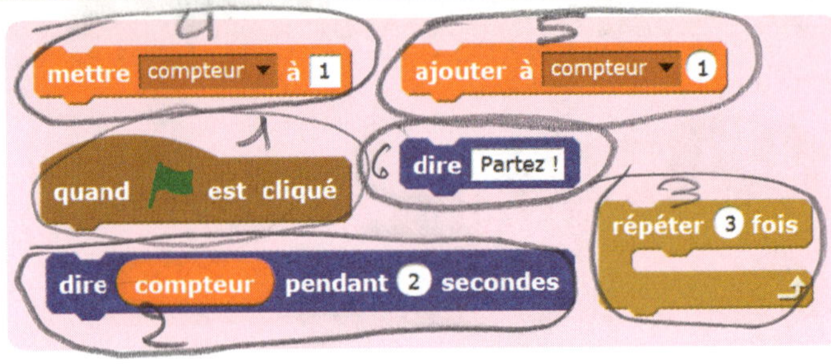

2. Le bloc [dire compteur pendant 2 secondes] est-il à l'intérieur ou à l'extérieur de la boucle [répéter 3 fois] ? Pourquoi ?

Il est à l'exterieur de la boucle.

2

1. a. Reproduire ou ouvrir le script ci-contre dans la zone de scripts puis l'exécuter.

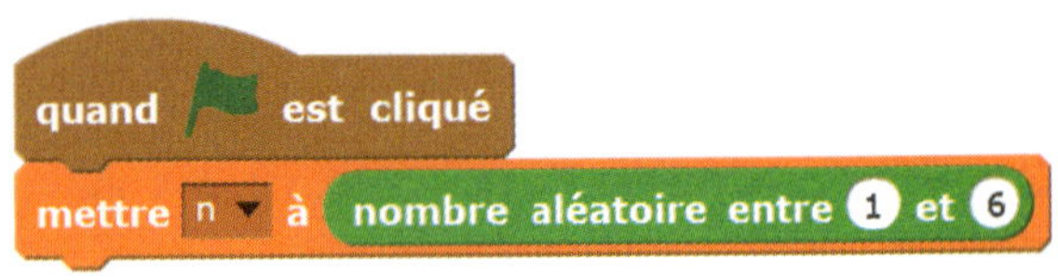

b. Parmi les expériences aléatoires suivantes, entourer celle qui peut être simulée grâce à ce script.

- Un tirage à pile ou face
- Un lancer d'un dé à six faces
- Six lancers d'un dé à six faces

2. a. Parmi les blocs ci-dessous, entourer ceux qui permettent de calculer le double de *n*.

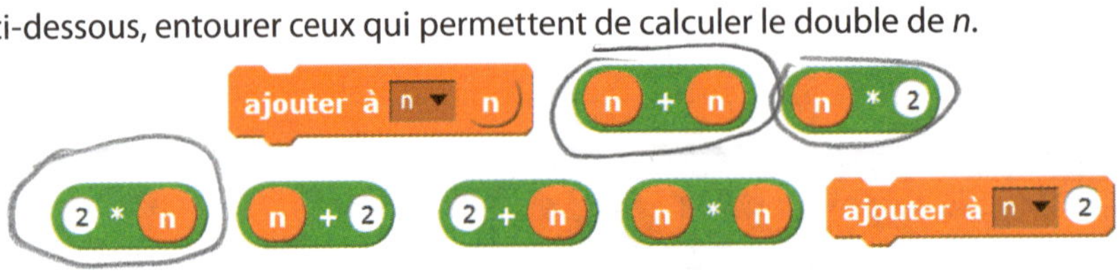

b. Compléter le script pour qu'il affiche la différence entre le carré et le double du nombre obtenu lors du lancer.

c. Le programme peut-il afficher un nombre négatif ? Justifier la réponse.

3

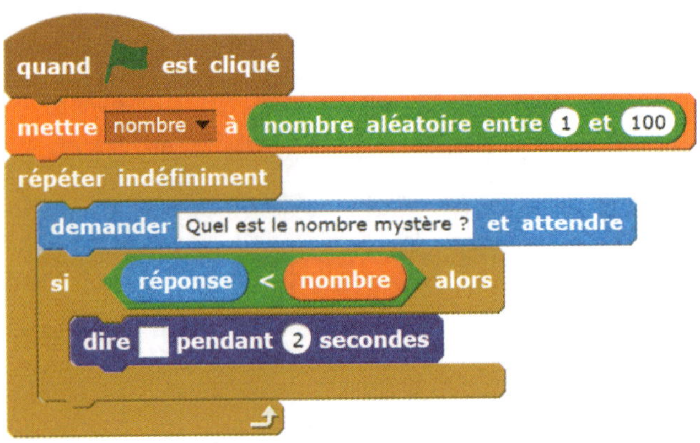

Gabriel veut programmer le jeu du *nombre mystère*. Dans ce jeu, le joueur doit deviner un nombre choisi par le lutin. À chaque essai, le lutin dit au joueur si son nombre est trop grand, trop petit ou s'il a trouvé le nombre mystère.

1. Que peut-on écrire dans la case blanche de la commande [dire ☐ pendant 2 secondes] du script ?

trop petit

2. Reproduire ou ouvrir ce script et le compléter. Quelle commande de la catégorie Contrôle peut-on utiliser pour arrêter le script quand le joueur a trouvé le nombre mystère ?

algorithmique débranchée

4

1. Quel est le nom de la variable utilisée dans le script ci-contre ?

....

2. Quelle est la valeur initiale de la variable, c'est-à-dire la valeur juste avant que le lutin ne parle ? ....

3. Quelle est la valeur de la variable à la fin de l'exécution du script ?

....

```
quand [drapeau] est cliqué
mettre distance à 5
dire En avant ! pendant 2 secondes
répéter 10 fois
    ajouter à distance 2
```

4. On déplace la commande `mettre distance à 5` juste avant la commande `ajouter à distance 2`.
Quelle est la valeur de la variable à la fin de l'exécution du script ? ....

5

Qu'affiche le lutin si l'utilisateur appuie :

1. sur la touche « a » ? ....

```
quand a est pressé
mettre nombre à 3
répéter 5 fois
    ajouter à nombre 2
dire nombre
```

2. sur la touche « b » ? ....

```
quand b est pressé
mettre nombre à 3
mettre nombre à (nombre * 4)
mettre nombre à (nombre - 1)
dire nombre
```

3. sur la touche « c » ? ....

```
quand c est pressé
mettre nombre à 3
ajouter à nombre 2
mettre nombre à (nombre * 4)
ajouter à nombre -3
dire nombre
```

6

1. Que fait le script ci-contre ?

Il permet de donner le prix initial.

....

```
quand [drapeau] est cliqué
demander Quel est le prix initial de l'article (en €) ? et attendre
mettre prix initial à réponse
demander Quel est le taux de remise (en %) ? et attendre
mettre taux à réponse
dire Le prix (en €) après la remise est de pendant 2 secondes
dire (prix initial - ((prix initial * taux) / 100)) pendant 2 secondes
```

2. Si l'utilisateur entre successivement les réponses « 100 » et « 15 », que dit le lutin à la fin ? ....

3. Comment peut-on modifier ce script pour qu'il affiche le nouveau prix après une augmentation dont on a saisi le taux ?

....

....

....

....

Pour approfondir

algorithmique branchée

1

1. Réaliser un script qui :
- demande à l'utilisateur de choisir le nombre de côtés d'un polygone régulier à tracer et la longueur de son côté ;
- trace en rose le polygone régulier correspondant, en partant du point de coordonnées $x = 0$ et $y = 130$, et en tournant dans le sens des aiguilles d'une montre.

2. Combien de variables doit-on créer ? Que désignent-elles ?

....

....

3. Que doit-on mettre dans la case blanche du bloc « répéter ( ) fois » ?

....

4. Que doit-on mettre dans la case blanche du bloc « tourner ↻ de ( ) degrés » ?

....

Coup de pouce

Voici quelques commandes dont tu auras besoin pour écrire le script.

- aller à x: (0) y: (130)
- mettre la couleur du stylo à ■
- avancer de ( )
- tourner ↻ de ( ) degrés
- répéter ( ) fois

2

Dans un magasin de tirages photos, les tarifs suivants sont appliqués.

De **0 à 19** photos	De **20 à 59** photos	À partir de **60** photos
0,15 € la photo	0,12 € la photo	0,08 € la photo

1. Réaliser un script qui demande à l'utilisateur le nombre de photos commandées puis lui donne le prix à payer. En utilisant ce script, donner le prix de :

a. 15 photos. .... **b.** 82 photos. ....

2. Compléter le script pour qu'une remise de deux euros soit appliquée à partir de 200 photos commandées. En utilisant ce script, donner le prix pour 245 photos. ....

3

1. Réaliser un script permettant de tracer la figure ci-contre en partant du centre de la scène.

2. Combien de variables sont nécessaires dans ce programme ? Que désignent-elles ?

....

....

3. De quel angle faut-il faire tourner le lutin après chaque tracé ?

....

4. Quelle commande permet de modifier la couleur du tracé ? Où faut-il la placer ?

....

....

algorithmique débranchée

4

1. Que fait le script ci-contre ?

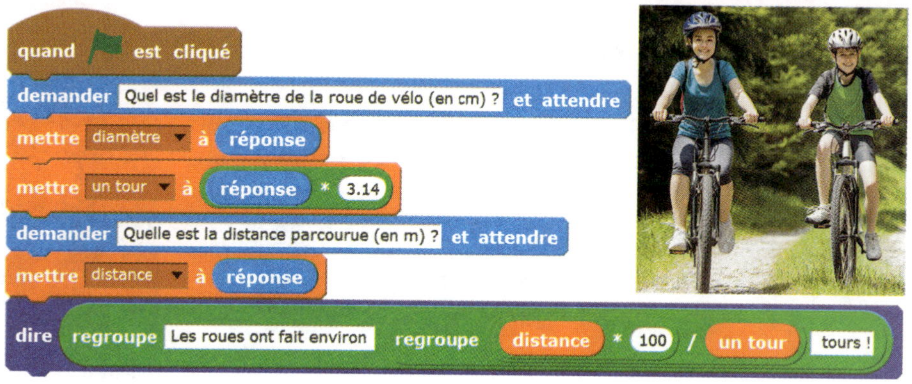

....

....

....

....

2. Quelle variable et quelle(s) commande(s) ne sont pas indispensables dans ce programme ?

....

3. Pourquoi faut-il multiplier *distance* par 100 avant de diviser par *un tour* ? ....

....

4. On souhaite que le lutin dise à l'utilisateur la distance parcourue lorsque les roues de son vélo font un tour.

Comment peut-on faire ? ....

....

5

1. Relier chaque figure au script qui permet de la tracer.

Ⓐ

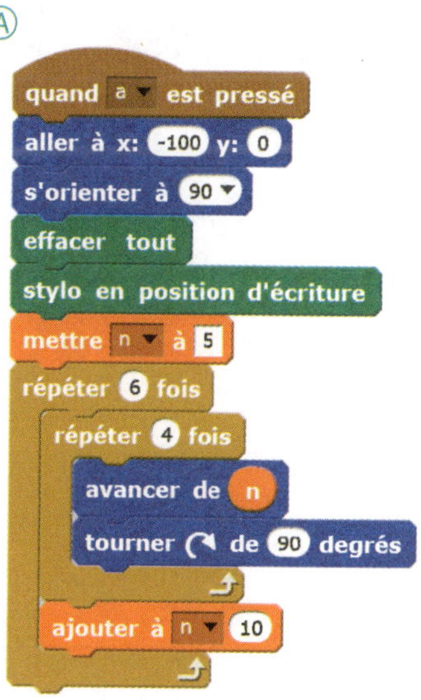

Ⓑ

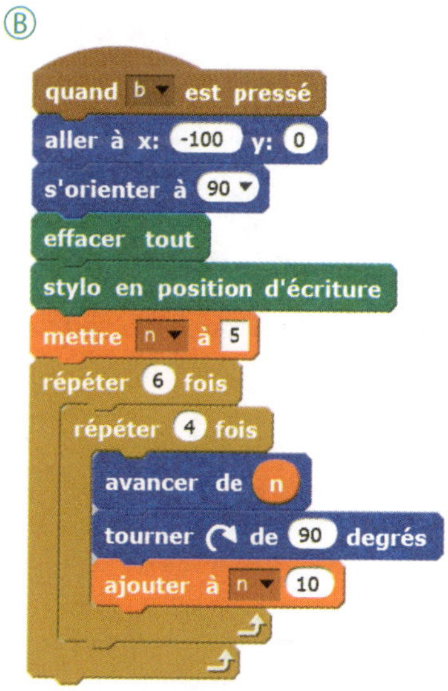

Ⓒ

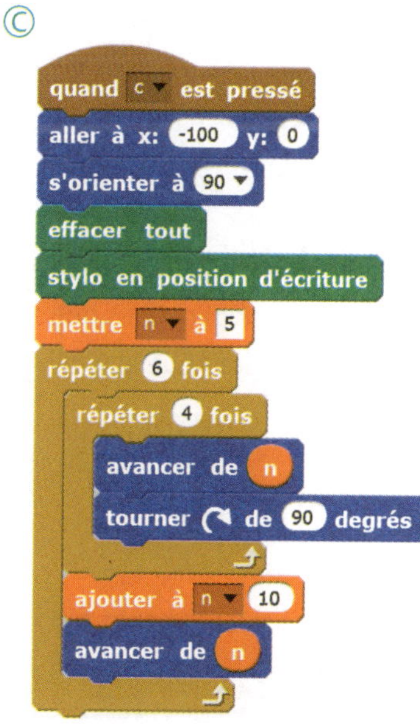

①

②

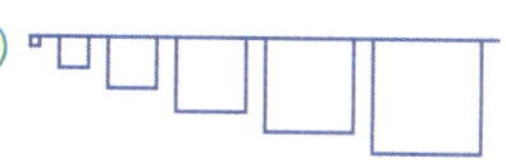

③

2. À quoi sert la variable *n* ? ....

3. Quelle est la longueur du plus grand carré tracé dans la figure ③ ? ....

4. Quelle est la longueur du dernier segment tracé dans la figure ① ? ....

5. Quelle longueur sépare deux carrés de la figure ② ? ....

6. Clones et messages

Pour démarrer

Activité

Objectif Créer un aquarium animé.

1. Choisir un lutin poisson puis écrire un programme qui permet de créer trente poissons, chaque poisson apparaissant à un endroit aléatoire de la scène puis se déplaçant.

Coup de pouce

Tu peux « copier » un lutin avec la commande `créer un clone de [moi-même ▾]`

et déclencher l'exécution d'un nouveau script avec

la commande `quand je commence comme un clone`.

- À quoi sert la commande `créer un clone de [moi-même ▾]` ?

....

- À qui s'applique le script commençant par la commande `quand je commence comme un clone` ?

....

2. Créer un lutin requin puis compléter le programme pour que :
– le requin apparaisse au centre de la scène après que tous les poissons sont créés ;
– quand le requin apparait, tous les poissons se cachent.

- Quelle est l'utilité d'envoyer un message ? ....

....

....

Coup de pouce

Les lutins peuvent communiquer entre eux avec ces commandes :

`envoyer à tous [message1 ▾]`

`quand je reçois [message1 ▾]`

Pour aller plus loin

- Modifier le programme pour que les poissons s'éloignent du requin au lieu de disparaitre.
- Modifier le programme pour que le requin apparaisse à un endroit aléatoire de la scène.

À retenir

- La commande `créer un clone de [moi-même ▾]` permet de créer un clone d'un lutin.
- Les clones ont leur propre script, qui commence par `quand je commence comme un clone`.
- La commande `envoyer à tous [message1 ▾]` permet d'envoyer un signal à tous les lutins.
- En recevant ce signal, les lutins peuvent effectuer une ou plusieurs commandes grâce à la commande `quand je reçois [message1 ▾]`.

algorithmique débranchée

1

Deux lutins *Avery Walking* et *Dee* ont été créés. Voici leurs scripts respectifs.

Scripts d'*Avery*

```
quand [drapeau vert] est cliqué
dire [Dee, où es-tu ?] pendant (2) secondes
envoyer à tous [message1 ▾]

quand je reçois [réponse ▾]
s'orienter vers [Dee ▾]
répéter jusqu'à <[Dee ▾] touché?>
    avancer de (10)
    costume suivant
    attendre (0.5) secondes
```

Script de *Dee*

```
quand je reçois [message1 ▾]
dire [Avery, je suis là !] pendant (2) secondes
envoyer à tous [réponse ▾]
```

Que se passe-t-il lorsque le drapeau vert est cliqué ?

....

....

....

....

2

Alexia veut aligner sur la scène cinq lutins espacés de cinquante pas à partir du point de coordonnées $(-150\,;0)$.

```
quand [drapeau vert] est cliqué
effacer tout
aller à x: (.........) y: (.........)
répéter (.........) fois
    créer un clone de [moi-même ▾]
    avancer de (.........)
```

```
quand je commence comme un clone
répéter indéfiniment
    ajouter à l'effet [couleur ▾] (25)
```

1. Compléter le programme d'Alexia.

2. Que fait chaque clone une fois qu'il a été créé ?

....

....

3

Voici le programme d'un lutin *Basketball*.

```
quand [drapeau vert] est cliqué
cacher
répéter (5) fois
    créer un clone de [moi-même ▾]
    attendre (1) secondes
```

```
quand je commence comme un clone
montrer
s'orienter à (nombre aléatoire entre (20) et (60))
répéter indéfiniment
    avancer de (10)
    rebondir si le bord est atteint
```

1. Que voit-on sur la scène après que le drapeau vert est cliqué ? ....

....

....

2. Les clones de *Basketball* sont-ils cachés ? ....

Pour s'entrainer

algorithmique branchée

1

1. Choisir le lutin *Ladybug2* qu'on assimilera à une araignée. Créer un programme qui permet de la faire apparaitre aléatoirement en haut de la scène, puis descendre lentement en tissant son fil jusqu'en bas de la scène.

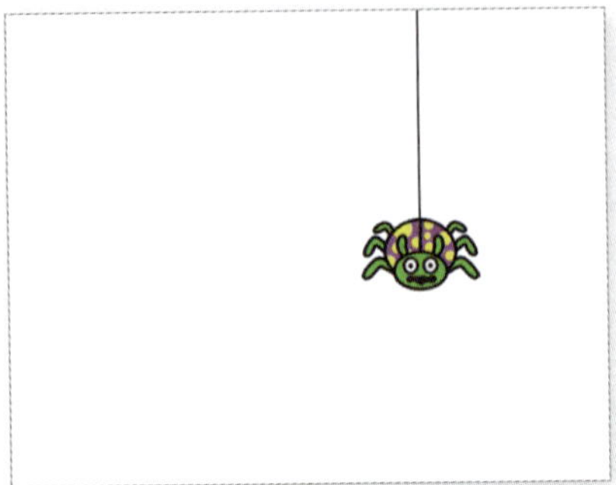

a. Quelle commande ou groupe de commandes permet de placer *Ladybug2* aléatoirement en haut de la scène ?

....

....

....

b. Quelle commande permet de faire apparaitre le fil de l'araignée ?

....

2. Comment peut-on faire pour que l'araignée descende sans changer d'orientation ?

....

3. Modifier le programme afin que l'araignée *Ladybug2* se clone lorsqu'elle est cliquée et que les clones exécutent le programme créé à la question **1**. Lorsqu'un clone touche le bas de la scène, il disparait.

a. Quelle commande est placée après **quand ce lutin est cliqué** ?

....

b. Par quelle commande de la catégorie Événements le script qui contrôle le déplacement des clones commence-t-il ?

....

c. Comment faire disparaitre un clone lorsqu'il touche le bas de la scène ?

....

2

Créer le mini-film suivant qui commence lorsque le drapeau vert est cliqué. Dans ce film, le chat apparait en bas à gauche de la chambre rose, puis il marche vers la droite et, lorsqu'il touche le bord droit de la scène, il change de chambre et apparait à gauche de la chambre verte.

Coup de pouce

La scène a sa propre zone de scripts et elle peut avoir plusieurs arrière-plans (outil).

1. Comment peut-on utiliser l'envoi d'un message entre le lutin et la scène ? ....

....

2. Faut-il un script commençant par **quand [drapeau vert] est cliqué** pour la scène ? Si oui, pourquoi ? ....

....

algorithmique débranchée

3

Deux lutins chien et chat ont les scripts suivants.

Scripts du chat

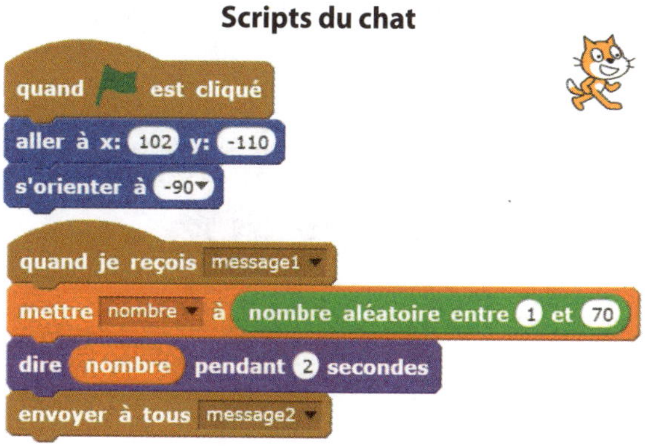

Scripts du chien

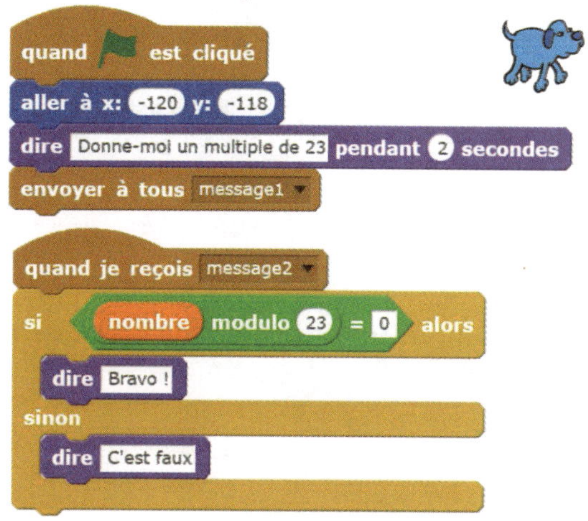

1. Le chat choisit-il un multiple de 23 ? Si non, que choisit-il ?

....

2. Que se passe-t-il si le nombre choisi par le chat est 59 ? Justifier la réponse. ....

....

3. Quels nombres le chat doit-il choisir pour que le chien dise « Bravo ! » ? ....

4

À l'aide des stickers, créer un programme qui permet d'obtenir la scène suivante :

Dans cette scène :

- tous les ballons visibles sont des clones ;
- les clones sont créés les uns après les autres, de gauche à droite, toutes les secondes. Ils sont espacés de 60 pas ;
- les clones montent régulièrement vers le ciel ;
- seuls les ballons mobiles sont visibles.

Pour approfondir

algorithmique branchée

1

Créer un programme qui demande à l'utilisateur son âge, puis fait apparaitre les bougies sur le gâteau d'anniversaire. La flamme de chaque bougie danse.

1. Combien y a-t-il de lutins ? Le(s)quel(s) ?

....

....

....

....

2. Comment utiliser la réponse donnée à la question de l'ours pour créer autant de bougies que d'années ? ....

....

....

....

3. Pourquoi est-il indispensable d'utiliser une boucle dans ce programme ? ....

....

....

2

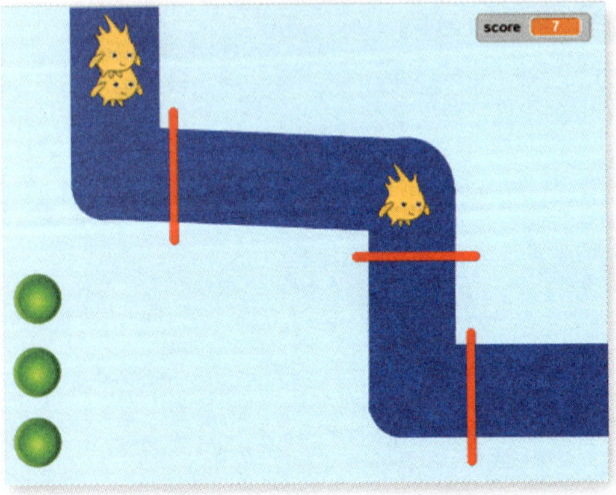

Créer le jeu suivant.

- Des *Gobos* apparaissent successivement en haut du chemin bleu et parcourent ce chemin jusqu'à sa sortie, seuls et sans arrêt.
- Si un *Gobo* touche une barrière rouge, le jeu s'arrête.
- Le joueur peut ouvrir chaque barrière rouge en cliquant sur l'un des boutons verts (la barrière disparait puis réapparait ou reprend sa position initiale après quelques secondes).
- Lorsqu'un *Gobo* atteint la sortie, le score augmente d'un point.

1. Comment obtient-on l'arrière-plan avec le chemin bleu ?

....

....

2. Les barrières rouges sont-elles des lutins ou des tracés dans l'arrière-plan ? Pourquoi ?

....

3. Comment une barrière rouge peut-elle disparaitre lorsque l'on clique sur un bouton vert ?

....

....

4. Quelles commandes permettent d'arrêter le jeu lorsqu'un *Gobo* touche une barrière ?

....

....

algorithmique débranchée

3

Le programme ci-contre a été exécuté. On peut voir ci-dessous ce qui apparait sur la scène, six secondes après avoir cliqué sur le drapeau vert.

Scripts de *Étoile*

Coup de pouce

chronomètre est une variable particulière : à tout instant, elle est égale au temps écoulé en secondes depuis la dernière fois que la commande **réinitialiser le chronomètre** a été exécutée.

On suppose que les commandes s'exécutent de façon quasiment instantanée.

1. Combien d'étoiles voit-on au cours de la première seconde d'exécution du programme ? Justifier la réponse.

....

2. Combien d'étoiles voit-on au cours de la deuxième seconde d'exécution du programme ? Justifier la réponse.

....

3. Combien d'étoiles voit-on au cours de la troisième seconde d'exécution du programme ? Justifier la réponse.

....

....

4. Justifier qu'on voit seize étoiles à la fin de l'exécution du programme.

....

....

....

5. On remplace le nombre 5 par 20 dans les deux boucles « Répéter jusqu'à *chronomètre* > 5 » et on suppose que le nombre de clones n'est pas limité. Combien d'étoiles voit-on à la fin de l'exécution du programme ? Justifier la réponse.

....

....

6. En réalité, Scratch limite le nombre de clones à 300. Au bout de combien de temps ce maximum est-il atteint ?

....

....

....

1 Programmer un jeu d'action

Le roi des neiges

Projet ceinture jaune

- instructions conditionnelles
- boucles
- capteurs
- opérateurs

But du jeu : Le joueur dirige *Snowman* en bas de la scène. *Snowman* doit éviter *Sun* qui le fait fondre, et essayer, au contraire, d'être touché par *Snowflake* qui le fait grossir. Le joueur gagne si *Snowman* devient assez gros et perd s'il devient trop petit.

Étape 1 *Snowman*

Le lutin *Snowman* doit se déplacer horizontalement en bas de la scène selon le mouvement de la souris.

- Comment faire pour que le lutin ne se déplace qu'horizontalement ?

Étape 2 *Snowflake et Sun*

Les lutins *Snowflake* et *Sun* doivent se déplacer verticalement du haut de la scène vers le bas. Lorsqu'ils touchent *Snowman* ou atteignent le bas de la scène, *Snowflake* et *Sun* doivent réapparaitre dans une position aléatoire en haut de la scène et se déplacer à nouveau verticalement vers le bas.

- Quel problème rencontre-t-on si on utilise les commandes 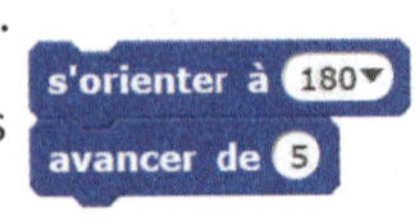

pour que le lutin *Sun* se déplace verticalement vers le bas ?

- Rencontre-t-on le même problème avec le lutin *Snowflake* ? Pourquoi ?

Pour chaque exercice, il n'est pas obligatoire d'utiliser tous les stickers.

Exercice 5 p. 7

quand ce lutin est cliqué

quand ce lutin est cliqué

quand ce lutin est cliqué

mettre à 100 % de la taille initiale

dire J'ai faim !!!

penser à J'ai faim !!!

mettre à 50 % de la taille initiale

dire J'ai faim !!!

mettre à 50 % de la taille initiale

Exercice 7 p. 7

attendre .... secondes

mettre l'effet couleur à 0

attendre .... secondes

mettre l'effet couleur à 40

quand [drapeau vert] est cliqué

attendre .... secondes

mettre l'effet couleur à 140

mettre l'effet couleur à 180

Exercice 6 p. 13

tourner ↺ de 120 degrés

tourner ↺ de 60 degrés

avancer de 100

quand [drapeau vert] est cliqué

tourner ↻ de 120 degrés

tourner ↻ de 60 degrés

avancer de 100

mettre la couleur du stylo à [vert]

mettre la couleur du stylo à [rouge]

Initialiser

Exercice 2 p. 17

répéter .... fois

stylo en position d'écriture

costume suivant

quand [drapeau vert] est cliqué

aller à x: .... y: ....

s'orienter à ....

tourner ↻ de .... degrés

avancer de ....

Exercice 3 p.25

si dé 2 = 2 * dé 1 alors

sinon

si dé 2 = dé 1 alors

sinon

quand est cliqué

dire Perdu ! pendant 2 secondes

dire Bravo c'est un double ! pendant 2 secondes

mettre .... à nombre aléatoire entre ...... et ......

mettre .... à nombre aléatoire entre ...... et ......

Exercice 2 p.29

quand est cliqué

ajouter à nombre ....

ajouter à nombre ....

mettre nombre à réponse

mettre nombre à .... * nombre

dire nombre pendant 2 secondes

demander Nombre de départ ? et attendre

Exercice 4 p.37

répéter .... fois

répéter indéfiniment

avancer de 60

avancer de 1

s'orienter à 90

s'orienter à 0

aller à x: -200 y: -60

montrer

cacher

quand est cliqué

attendre 1 secondes

créer un clone de moi-même

quand je commence comme un clone

Étape 3 Interactions entre lutins

Les trois lutins doivent avoir approximativement la même taille au début du jeu. Lorsque *Snowman* est touché par *Sun*, sa taille doit diminuer, et *Sun* doit se placer en haut de la scène. Lorsqu'il est touché par *Snowflake*, sa taille doit augmenter, et *Snowflake* doit se placer en haut de la scène.

- Quel lutin doit-on réduire le plus par rapport à sa taille initiale ?

....

- Quelles variations de la taille de *Snowman* peut-on choisir pour que le jeu soit intéressant à jouer ?

....

....

....

- Pourquoi le jeu devient-il de plus en plus difficile ?

....

....

Étape 4 Arrêt du jeu

Lorsque *Snowman* atteint une taille à définir maximale (jeu gagné) ou minimale (jeu perdu), le jeu s'arrête et un message signale au joueur s'il a gagné ou perdu.

- Quelles conditions permettent l'arrêt du jeu ?

....

....

....

....

....

Pour aller plus loin :

- Afficher la durée du jeu et fixer une durée limite au-delà de laquelle le joueur perd s'il n'a pas encore atteint la taille maximale.
- Accélérer la chute des lutins *Snowflake* et *Sun* au fur et à mesure de l'avancée du jeu.

Éclate-ballons

Projet ceinture verte

- instructions conditionnelles
- boucles
- capteurs
- variables
- opérateurs

But du jeu : Le joueur doit faire rebondir la balle sur la raquette verte pour faire éclater les trois ballons. Il perd si la balle touche la bande jaune située sous la raquette.

Étape 1 L'arrière-plan et les lutins *Balloon*

Un rectangle jaune doit apparaitre en bas de la scène. Les trois ballons violets doivent être symétriques par rapport à l'axe des ordonnées.

- À quoi sert le rectangle jaune ? Pourquoi a-t-on choisi cette couleur ?

....

....

....

....

....

Coup de pouce

Pour dessiner la bande jaune, tu peux utiliser la palette graphique dans l'onglet des arrière-plans.

- Que peut-on dire des coordonnées du centre des ballons de gauche et de droite ?

....

Étape 2 Les lutins *Paddle* et *Ball*

Le lutin *Paddle* doit être dirigé horizontalement à l'aide de la souris, en bas de la scène, au-dessus du rectangle jaune. Le lutin *Ball* doit être orienté de façon aléatoire au début du jeu, avancer constamment et rebondir contre les bords de la scène.

- Quelle est la coordonnée de *Paddle* qui ne doit pas varier au cours de l'exécution du programme ?

....

- Quel type de boucle permet d'assurer le déplacement de *Paddle* tout au long du jeu ?

....

- Le lutin *Ball* devrait-il éviter certaines orientations au départ ? Pourquoi ?

....

....

Étape 3 Interactions entre lutins

La balle doit rebondir de façon symétrique lorsqu'elle touche la raquette.
Le ballon doit disparaitre quand il est touché par la balle. Pour suggérer que le ballon éclate, on doit entendre un son.

Coup de pouce

Tu peux utiliser la variable **direction** qui contient, à chaque instant, l'orientation du lutin.

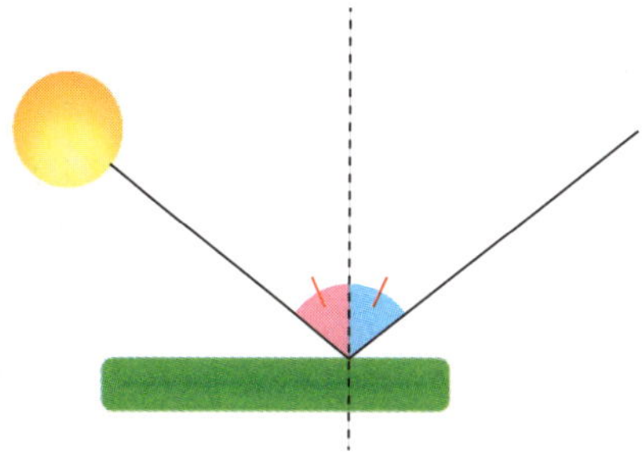

- Comment faut-il orienter la balle lorsqu'elle rebondit sur la raquette ?

Étape 4 Arrêt du jeu

Le jeu doit s'arrêter si la balle arrive dans la zone jaune ou si le joueur a éclaté les trois ballons.

- Quelle condition faut-il ajouter dans le script de *Ball* pour faire arrêter le jeu ?

- Comment peut-on faire compter au programme le nombre de ballons éclatés ?

Pour aller plus loin :

- Augmenter la vitesse de la balle après chaque ballon éclaté.
- Mettre en mouvement les ballons pour qu'ils se déplacent lentement sur la scène.
- Montrer un ballon seulement au début du jeu. Chaque ballon éclaté est remplacé par deux nouveaux ballons. Le joueur gagne lorsqu'il a éclaté dix ballons.

Chasse aux gobos

Projet ceinture noire

- boucles
- instructions conditionnelles
- variables
- clones

But du jeu : Le singe *Monkey* doit attraper les *Gobojaunes* tout en évitant d'être touché par les *Goboverts*. *Monkey* gagne 1 point lorsqu'il attrape un *Gobojaune*. Il perd la partie lorsqu'un *Gobovert* le touche.

Étape 1 *Monkey* et les *Gobojaunes*

Au début du jeu, *Monkey* doit apparaitre en bas à gauche de l'écran, puis il doit suivre continuellement le pointeur de la souris. Le jeu doit commencer lorsque le pointeur de la souris du joueur touche *Monkey*. Plusieurs *Gobojaunes* doivent alors apparaitre au centre de la scène, puis avancer indéfiniment dans une direction aléatoire en rebondissant sur les bords de la scène. Ils doivent disparaitre quand *Monkey* les touche, puis réapparaitre au centre de la scène.

Coup de pouce

Pour écrire le script, tu peux utiliser les commandes suivantes.

```
créer un clone de [Gobojaune ▼]

quand je commence comme un clone
```

- Est-on obligé d'utiliser un bloc `répéter indéfiniment` ? Pourquoi ?

....

....

....

- Quel type de commande doit-on utiliser pour démarrer le jeu lorsque le pointeur de la souris touche *Monkey* ?

....

- Combien de clones doit-on créer pour avoir en tout dix *Gobojaunes* ?

....

- Quelle commande doit-on utiliser pour positionner un lutin au centre de la scène ?

....

Étape 2 Le score

Quand *Monkey* touche un *Gobojaune*, le joueur marque 1 point. Le *Gobojaune* touché doit alors disparaitre, puis réapparaitre au centre de la scène. Lorsque le score atteint 50 points, le joueur a gagné et le jeu s'arrête.

- Quelle doit être la valeur de la variable qui contient le score au début de la partie ?

....

- Dans quel type de boucle doit-on mettre la commande qui permet de tester si le score a atteint 50 ? Justifier.

....

....

Étape 3 Les *Goboverts*

Au fur et à mesure de la partie, plusieurs *Goboverts* doivent apparaitre au centre de la scène puis avancer indéfiniment dans une direction aléatoire en rebondissant sur les bords de la scène. Quand *Monkey* touche un *Gobovert,* le jeu s'arrête et le score est annoncé.

- Comment peut-on modifier la vitesse de déplacement des *Goboverts* ?

....

....

....

....

- À quel moment peut-on faire apparaitre de nouveaux *Goboverts* ?

....

....

Pour aller plus loin :

- Accélérer le déplacement des *Gobos* à partir d'une certaine durée de jeu.
- Instaurer un temps limite pour le jeu.
- Enlever un certain nombre de points lorsque *Monkey* touche *Gobovert*, puis arrêter le jeu au troisième *Gobovert* touché.
- Créer des *Gobobonus* qui apportent plus de points une fois touchés.

4 Programmer le hasard

Le jeu de Duck

Projet ceinture jaune

- variables
- instructions conditionnelles
- opérateurs

But du jeu : Quand on lance deux dés à six faces, on peut obtenir un total de deux à douze points en additionnant les valeurs obtenues. Le jeu proposé par *Duck* est-il équitable ?

Étape 1 Énoncer les règles du jeu

Duck doit commencer par proposer à *Beetle* un jeu, que ce dernier accepte. Le jeu doit afficher la valeur des deux dés de *Duck* et de *Beetle* ainsi que la somme de leurs dés respectifs.

- Quelle commande permet à *Beetle* d'attendre que *Duck* ait fini de parler pour lui répondre ?

....

....

- Combien de variables ont été créées ? Que représentent-elles ?

....

....

Étape 2 Lancer les dés

Chaque fois que l'utilisateur presse la touche *espace*, les lancers de dés doivent être simulés, et *Duck* et *Beetle* doivent annoncer leurs résultats.

- Quelle commande permet de choisir un nombre entier au hasard entre un et six ?

....

....

- Comment faut-il compléter le bloc `mettre [Total Duck] à [ ]` pour qu'il soit utilisé dans le script de *Duck* ?

....

Étape 3 Interpréter les résultats

Un troisième lutin doit annoncer si *Duck* ou *Beetle* a gagné, ou s'il y a égalité.

- Jouer plusieurs fois. Les règles proposées par *Duck* semblent-elles équitables ? Comment aurait-on pu le prévoir ?

....

....

....

....

....

....

- Proposer de nouvelles règles du jeu plus équitables.

....

....

....

Pour aller plus loin :

- Modifier le jeu pour que cette fois, *Duck* et *Beetle* lancent des dés à dix faces, appelés décaèdres. Trouver une règle du jeu équitable avec ces dés.
- Réaliser un programme qui simule mille parties et qui affiche combien de fois *Duck* et *Beetle* gagnent.

Dans le mille !

Projet ceinture verte

- variables
- boucles
- instructions conditionnelles
- capteurs
- opérateurs

But du jeu : La balle apparait aléatoirement sur la scène à chaque essai déclenché lorsque l'utilisateur presse la touche *espace*. On souhaite savoir combien de fois la balle apparait dans la cible blanche par rapport au nombre total d'essais.

Étape 1 Programmer les essais et le comptage

La scène doit faire apparaitre le lutin *Baseball* réduit à 50 % de sa taille et l'arrière-plan *light 494x372*.
L'utilisateur doit pouvoir faire autant d'essais qu'il le souhaite en appuyant sur la touche *espace*. À chaque fois, la balle doit se placer aléatoirement sur la scène. Des variables permettent de mémoriser les résultats.

Coup de pouce
La scène est un rectangle de 480 pixels de large et de 360 pixels de haut.

- Quelles sont les valeurs minimales et maximales des coordonnées x et y de la balle ?

- Combien de variables sont nécessaires ? Que représentent-elles ?

- Lorsque la balle apparait en dehors de la cible blanche sans la toucher, comment les valeurs des variables changent-elles ?

- La somme des variables qui représentent le nombre de fois où la balle apparait à l'intérieur et à l'extérieur de la cible est-elle égale au nombre d'essais ? Pourquoi ?

Étape 2 Faire un grand nombre d'essais

Pour que l'expérience soit plus rapide, on veut que l'utilisateur donne le nombre d'essais qu'il souhaite effectuer pour que le programme effectue automatiquement ces essais. Il doit ensuite afficher la fréquence de l'évènement « La balle a atteint la cible ».

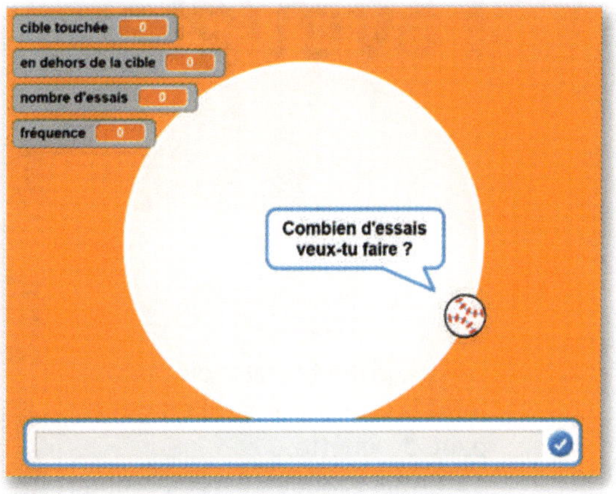

Coup de pouce

Calcul de la fréquence f en pourcentage :

$$f = \frac{\text{nombre de fois où la cible a été touchée}}{\text{nombre d'essais}} \times 100$$

- Compléter le tableau de valeurs.

Nombre d'essais	50	100	500	1000
Nombre de fois où la cible a été touchée				

- Quelle est la fréquence de l'évènement « la balle a atteint la cible » en pourcentage pour 2 000 essais ?

....

- Mettre la balle à 1 % de sa taille et refaire l'expérience avec un grand nombre d'essais. Que se passe-t-il ?

....

- Y-a-t-il un lien entre le pourcentage de l'aire de la scène occupée par la cible blanche et la fréquence calculée par le programme ? Si oui, lequel ?

....

....

....

....

Coup de pouce

Tu peux augmenter la vitesse d'exécution du programme en activant le « Mode Turbo » dans le menu « Édition ».

Pour aller plus loin :

- Modifier l'arrière-plan et refaire la même expérience afin de connaitre les chances que le lutin atteigne une zone précise de la scène.
- Dessiner un arrière-plan composé d'un triangle équilatéral coloré puis utiliser cette expérience pour déterminer une valeur approchée de son aire.

Habillage à l'aveugle

Projet ceinture noire
- variables
- boucles
- instructions conditionnelles
- opérateurs

Chaque matin, le chat choisit les yeux fermés un nœud papillon et une paire de lunettes.
Il affirme passer un tiers de l'année tout en rouge, est-ce vrai ?

But du jeu : Savoir s'il a raison.

Étape 1 Habiller le chat

Le chat possède trois nœuds papillons et trois paires de lunettes de trois couleurs : rouge, vert et bleu. L'utilisateur doit pouvoir faire changer la tenue du chat à chaque fois qu'il clique sur le bouton Changer de tenue.

- Quelle commande permet au chat d'avoir des lunettes vertes ?

....

....

....

Coup de pouce

- Le bouton, le nœud papillon et les lunettes sont des lutins dont les costumes ont été modifiés.
- Pour dupliquer un costume, tu peux faire un clic droit sur le costume :

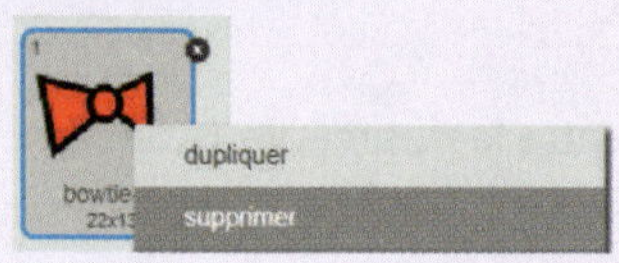

- Pour changer la couleur d'un costume, tu peux utiliser l'outil [pot de peinture].
- Pour insérer du texte, tu peux utiliser l'outil T.

Étape 2 Programmer le choix d'une tenue pour un jour

Lorsque l'utilisateur clique sur le bouton Changer de tenue, la paire de lunettes et le nœud papillon doivent prendre une couleur aléatoire parmi rouge, vert et bleu.

- Dans la zone de scripts de quel lutin doit-on mettre les commandes suivantes ?

....

- Pour le nœud papillon, combien de tests « Si $N = \ldots$ » doit-on faire ? Pourquoi ?

....

....

....

Coup de pouce

Tu peux créer deux variables *N* (pour numéro de nœud) et *L* (pour numéro de lunettes) qui prendront aléatoirement une valeur comprise entre 1 et 3.

- Faire l'expérience sur deux semaines et noter dans le tableau les couleurs du nœud papillon et des lunettes du chat pour chaque jour. Noter R pour rouge, B pour bleu et V pour vert.

Jour	Lundi	Mardi	Mercredi	Jeudi	Vendredi	Samedi	Dimanche	Lundi	Mardi	Mercredi	Jeudi	Vendredi	Samedi	Dimanche
Couleur du nœud papillon														
Couleur des lunettes														

- Sur ces deux semaines, combien de fois le chat a-t-il porté une tenue rouge, c'est-à-dire un nœud papillon et des lunettes rouges ?

....

- Cela permet-il de déterminer si l'affirmation du chat est vraie ? Pourquoi ?

....

....

Étape 3 Compter le nombre de tenues monochromes sur un an

Le programme évolue : lorsque l'utilisateur clique sur le bouton Changer de tenue, le programme doit faire directement l'expérience sur toute une année.
À la fin, l'utilisateur voit s'afficher le nombre de tenues rouges que le chat a portées.

Coup de pouce
Créer une variable pour compter le nombre de tenues rouges.

- Combien de fois le programme doit-il changer la tenue du chat ?

....

- Répéter l'expérience afin de simuler trois années de suite. Combien de tenues rouges le chat a-t-il portées ?

....

- L'affirmation du chat est-elle vraie ?

....

....

....

Coup de pouce
Tu peux augmenter la vitesse d'exécution du programme en activant le « Mode Turbo » dans le menu « Édition ».

Pour aller plus loin :
- Trouver la fréquence d'apparition d'une tenue bicolore.
- Ajouter un chapeau au chat, avec plusieurs couleurs possibles, et refaire une expérience.

Abracadabra diviseurs !

Projet ceinture jaune

- variables
- opérateurs
- capteurs
- instructions conditionnelles
- boucles

But du jeu : La sorcière parcourt la scène en affichant des nombres choisis de façon aléatoire. Le joueur clique sur la sorcière quand il reconnait un nombre correspondant à un critère donné.

Étape 1 Nombres divisibles par 3

La sorcière *Witch* doit choisir un nombre entier au hasard entre un et cent et traverser lentement la scène en disant le nombre. Une fois arrivée au bout, elle recommence. Le joueur clique sur la sorcière si le nombre qu'elle dit est divisible par 3. Si le nombre est bien divisible par 3, il marque un point, sinon, il perd un point.
Le joueur gagne dès qu'il atteint cinq points mais perd la partie s'il commet trois erreurs.

- Donner deux façons différentes de tester si un nombre est divisible par 3. Laquelle est la plus facile à utiliser dans un script ?

....

....

....

....

- Comment peut-on augmenter la difficulté du jeu ?

....

....

....

Étape 2 Nombres divisibles par 2 ; 3 ; 4 ou 5

Les règles changent : le joueur doit à présent cliquer sur la sorcière si le nombre qu'elle dit est divisible par un nombre entier affiché en haut de la scène, choisi au hasard parmi 2 ; 3 ; 4 ou 5.

- Rappeler les critères de divisibilité qui permettent au joueur de trouver les bonnes réponses.

- Que représente chacune des variables de ce programme ? Entre quelles valeurs peuvent-elles varier ?

Pour aller plus loin :

- Modifier le programme de façon à ce que la sorcière choisisse des nombres de plus en plus grands, au fur et à mesure que le score augmente.
- Modifier le programme :
  – Le joueur doit cliquer sur la sorcière si le nombre qu'elle dit est divisible par un nombre entier affiché en haut de la scène choisi au hasard par la sorcière parmi 2 ; 3 ; 4 ; 5 ; 9 et 10.
  – Chacun des nombres doit avoir la même probabilité d'être choisi.

Scoop !

Projet ceinture verte
- variables
- opérateurs
- boucles
- clones

Louna vient d'apprendre qu'un concert de son chanteur préféré va avoir lieu dans sa ville prochainement. Aussitôt, elle envoie un SMS à deux de ses amis pour les informer de ce scoop. Vingt minutes plus tard, chacun des deux amis envoie à son tour un SMS à deux nouvelles personnes. L'information se propage de la même façon : chaque nouvelle personne informée transmet à son tour, vingt minutes plus tard, l'information à deux nouvelles personnes. On suppose qu'aucune personne ne reçoit le scoop deux fois.

But du jeu : On veut représenter à l'écran la propagation de cette information.

Étape 1 Visualiser la propagation de l'information

Le programme doit permettre de visualiser le nombre de personnes ayant connaissance de l'information :

- en représentant chaque personne par un clone du lutin initial ;
- en réduisant le délai réel de vingt minutes à quatre secondes.

Coup de pouce

Tu peux utiliser cette commande :

`quand je commence comme un clone`

- Quelle commande permet de faire apparaitre de nouveaux lutins ?

....

....

- Comment faire pour que les clones n'apparaissent pas tous au même endroit ?

....

....

- Combien de personnes disposent de l'information au bout d'une heure ? Vérifier par un calcul.

....

....

- Après avoir lancé l'exécution du programme, que remarque-t-on au bout d'un certain temps ?

....

....

....

Étape 2 Connaitre le nombre de nouvelles personnes recevant l'information au bout d'un certain temps

Un nouveau lutin doit dire le nombre de nouvelles personnes qui reçoivent le scoop par SMS au bout d'un nombre d'heures indiqué par l'utilisateur.

- Combien de fois par heure un nouvel envoi de SMS a-t-il lieu ?

....

- Au bout de trois heures, combien de nouvelles personnes reçoivent l'information ? Déterminer le résultat à l'aide du programme puis trouver ce résultat par calcul.

....

....

Étape 3 Connaitre le nombre total de personnes ayant reçu l'information au bout d'un certain temps

Le lutin doit dire le nombre total de personnes informées du scoop, Louna y compris, au bout d'un nombre d'heures indiqué par l'utilisateur.

- La salle de concert peut accueillir 10 000 personnes. Au bout de combien d'heures le scoop est-il connu d'un nombre de personnes dépassant la capacité de la salle ?

....

- Au bout de combien d'heures le scoop est-il connu de plus d'un million de personnes ?

....

Pour aller plus loin :

- Modifier le programme de sorte qu'au bout de deux heures, la transmission de l'information s'accélère via les réseaux sociaux : elle est alors transmise à cinq personnes toutes les dix minutes.

Code secret

Projet ceinture noire

- variables
- opérateurs
- capteurs
- instructions conditionnelles
- boucles

But du jeu : Le lutin crypte un message par la méthode du chiffrement affine.

Étape 1 Comprendre le chiffrement affine

Méthode du chiffrement affine

- Choisir une fonction affine f telle que $f(x) = ax + b$ avec a et b entiers naturels ;
- Associer chaque lettre à son rang dans l'alphabet, c'est-à-dire à un nombre de 0 à 25 (A est associé au rang 0, B au rang 1, …, Z au rang 25) ;
- Calculer l'image de ce rang par la fonction f ;
- Calculer le reste de la division euclidienne de cette image par 26 ;
- Remplacer chaque lettre par la lettre de l'alphabet dont le rang est ce reste.

On choisit la fonction affine f définie par $f(x)=7x+3$.

- Le tableau ci-dessous montre comment on crypte la lettre E. Compléter ce tableau pour crypter les lettres A et L.

Lettre non cryptée	Rang	Image par f	Reste	Lettre cryptée
E	4	31	5	F
A				
L				

- Peut-on être sûr que le reste trouvé correspond toujours au rang d'une lettre dans l'alphabet ?

....

....

Étape 2 Crypter une lettre

Le lutin doit demander une lettre à l'utilisateur et afficher la lettre cryptée avec la fonction définie à l'étape 1.

Coup de pouce

Pour associer les nombres et les lettres, tu peux utiliser la commande lettre ◯ de ▢ .

Par exemple, la commande lettre 3 de ABCDEFGHIJKLMNOPQRSTUVWXYZ renvoie la lettre C.

- À l'aide du programme, crypter le mot CODE. ....

Étape 3 Crypter un mot

Le lutin doit demander un mot à l'utilisateur et afficher le mot crypté (les minuscules et majuscules ne sont pas distinguées).

Coup de pouce

La commande longueur de message indique le nombre de lettres que contient la variable message .

- À l'aide du programme, crypter le mot SCRATCH.

....

- Quel mot peut-on crypter pour vérifier que chaque lettre de l'alphabet est bien cryptée par une lettre unique ?

....

....

- Quel mot l'utilisateur a-t-il entré pour obtenir le message ci-contre ?

....

Étape 4 Avec d'autres fonctions

Le lutin doit demander à l'utilisateur deux valeurs a et b, puis crypter un mot avec la fonction f définie par $f(x)=ax+b$.

- Que se passe-t-il si on utilise le cryptage affine avec la fonction f définie par $f(x)=26x+1$? En quoi est-ce un problème ?

....

....

- Trouver une autre fonction affine qui permet de crypter toutes les lettres par la lettre K.

....

....

Pour aller plus loin :

- Modifier le programme pour que le lutin crypte des phrases de plusieurs mots en conservant les espaces entre les mots.
- Modifier le programme pour que le lutin décrypte un message crypté avec la fonction f définie par $f(x)=7x+3$.

10 Belles figures

Spirale

Projet ceinture jaune

- boucles
- variables
- opérateurs

But du jeu : Réaliser des spirales de rectangles colorés.

Étape 1 Créer le lutin rectangle

Dessiner un nouveau lutin qui a la forme d'un rectangle et qui occupe l'ensemble de la scène.

Coup de pouce

Pour dessiner un lutin, clique sur le pinceau.

Étape 2 Créer les rectangles emboités

Le programme doit tracer des figures semblables à celles ci-dessous.

Coup de pouce

Tu peux utiliser une variable ainsi que les commandes **estampiller** et **mettre l'effet** couleur **à** ◯.

- Comment peut-on obtenir une figure composée de cent rectangles dont la taille varie de 100 % à 0 % de la taille initiale ?

....

....

- Que faut-il modifier dans le script pour augmenter ou diminuer la progressivité du dégradé de couleurs ?

....

....

Étape 3 Créer une spirale de rectangles

Le programme doit tracer une figure semblable à celle-ci.

- Que faut-il faire pour que la longueur du premier rectangle estampillé soit à l'horizontale ?

....

....

- Que faut-il faire pour que le rectangle tourne 45 fois avant d'avoir à nouveau deux côtés horizontaux ?

....

....

Pour aller plus loin :

- À l'aide de lutins présents dans la bibliothèque, créer les figures suivantes.

11 Belles figures

Rosaces

Projet ceinture verte

- boucles
- instructions conditionnelles
- variables
- opérateurs

But du jeu : Construire de nombreuses rosaces colorées en fonction de paramètres choisis par l'utilisateur.

Étape 1 Nommer un polygone

Voici les noms de certains polygones. En observant les liens entre les noms et le nombre de côtés, compléter le tableau avec les noms des polygones à 17 côtés, 18 côtés et 19 côtés.

Pentagone (5 côtés)	Décagone (10 côtés)	Pentadécagone (15 côtés)
Hexagone (6 côtés)	Hendécagone (11 côtés)	Hexadécagone (16 côtés)
Heptagone (7 côtés)	Dodécagone (12 côtés)	.... (17 côtés)
Octogone (8 côtés)	Tridécagone (13 côtés)	.... (18 côtés)
Ennéagone (9 côtés)	Tétradécagone (14 côtés)	.... (19 côtés)

Étape 2 Tracer un polygone

Le lutin doit tracer ce polygone :

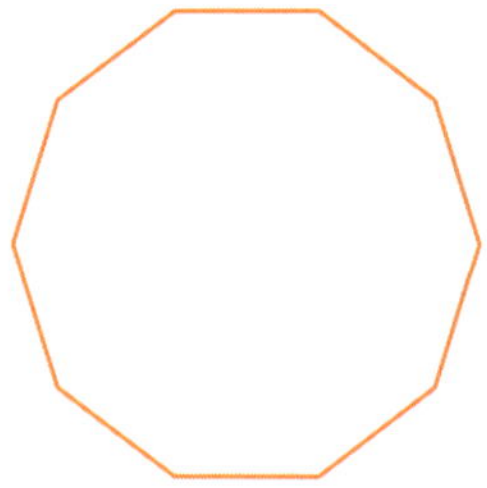

- Comment s'appelle ce polygone ?

....

- Effectuer dix rotations de 36° est-il équivalent à effectuer un tour complet ?

....

....

- Si on voulait tracer un pentadécagone, quelle serait la mesure de l'angle de rotation entre deux tracés ?

....

- Quel lien y a-t-il entre le nombre de côtés et l'angle de rotation entre deux tracés ?

....

Étape 3 Utiliser le décagone afin d'obtenir une rosace

Le lutin doit tracer cette rosace :

- Comment passe-t-on d'un décagone au suivant ? Justifier la réponse.

....

....

....

- De quel angle doit-on tourner pour construire une rosace avec douze décagones ?

....

....

Étape 4 Créer une rosace à la demande

Le lutin doit tracer une rosace dont le nombre de polygones et le nombre de côtés de chaque polygone sont égaux à un même nombre entier compris entre 3 et 50, choisi par l'utilisateur.

- Le lutin a tracé la figure ci-contre. Quel nombre l'utilisateur a-t-il saisi ?

....

- Comment s'appelle le polygone utilisé dans cette rosace ?

....

- Dans cette rosace, quel est l'angle de rotation entre un polygone et le suivant ?

....

- Est-il nécessaire de créer une variable ? Si oui, que représente-t-elle ?

....

....

Pour aller plus loin :

- Créer un programme pour tracer chacune des belles figures suivantes.

- Inventer d'autres belles figures.

Pavage créatif

Projet ceinture noire
- boucles
- instructions conditionnelles
- clones

But du jeu : L'objectif est de créer un mur de briques que l'utilisateur peut faire tomber.

Étape 1 Créer le motif

Dessiner un lutin *brique* en utilisant la méthode suivante.

Méthode

- Un **motif pavant** permet de réaliser un **pavage** du plan.

Exemples de motifs :

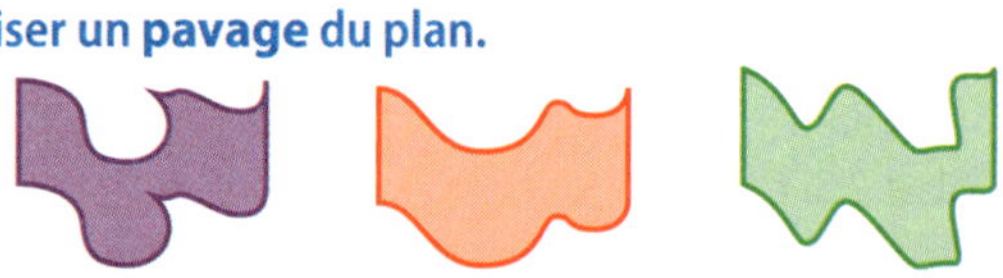

- Un motif pavant peut être obtenu en déformant deux côtés opposés d'un rectangle de la même façon, c'est-à-dire que l'un des côtés déformés est l'image de l'autre par une translation.

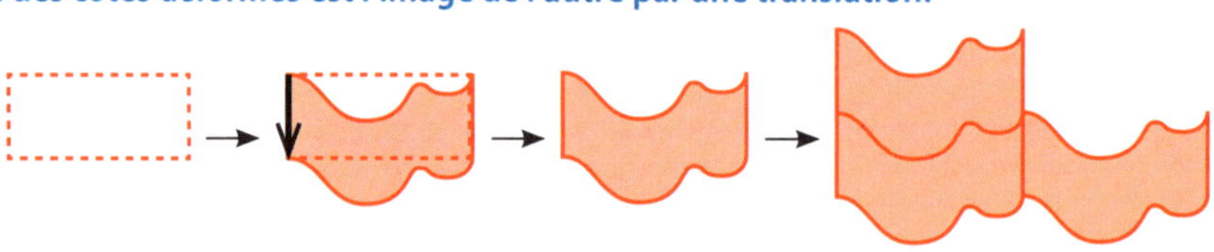

Coup de pouce

Commence par tracer un trait reliant les deux coins supérieurs de la zone. Duplique ce trait et effectue une translation :

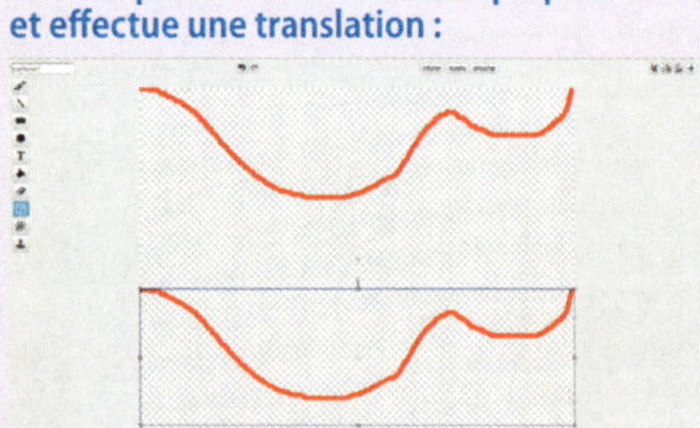

Tu peux aussi utiliser les outils suivants.

pour dessiner un lutin	pour tracer
pour dupliquer un tracé	pour colorier

- Le lutin *brique* occupe tout l'espace de la scène. Si on réduit ce lutin à 10 % de sa taille initiale, combien de lutins *brique* peut-on aligner sur une seule ligne ? ....

Étape 2 Créer le mur dynamique

Le mur de briques doit être composé de clones du lutin *brique*.

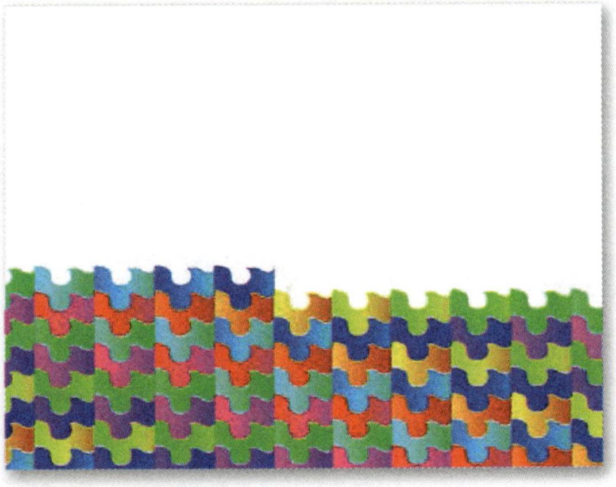

Coup de pouce
Tu peux utiliser la commande `ajouter à l'effet couleur ▼ ( )`.

- Quel est l'intérêt de créer des clones plutôt que des estampilles du lutin *brique* initial ?

....

....

....

....

Étape 3 Permettre à l'utilisateur de détruire le mur

Lorsque l'utilisateur touche une brique du mur avec la souris, elle doit tomber en bas de l'écran.

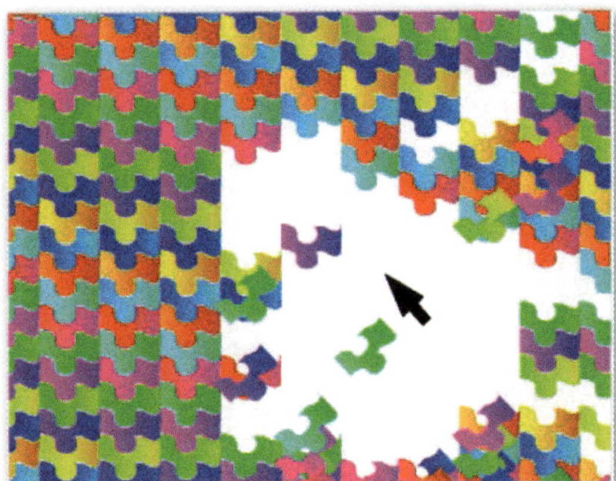

- Quelle commande de la catégorie Capteurs faut-il utiliser pour savoir si le joueur touche une brique ?

....

- Quel bloc de la catégorie Contrôle permet de démarrer un script pour chacun des clones créés ?

....

....

Pour aller plus loin :

- Créer un mur et lorsqu'il est fini, les briques vont lentement vers le pointeur de souris, jusqu'à être toutes entassées.

- Créer un mur quadricolore et lorsqu'il est fini, les briques de même couleur se rassemblent dans le même coin de la scène.

Objectif Brevet

1 Frises et quadrilatères

15 min

Géométrie
• boucles

On considère les trois scripts ci-dessous (le script ③ est inachevé).

①
```
quand [drapeau] est cliqué
s'orienter à 90
stylo en position d'écriture
avancer de 100
tourner ↻ de 90 degrés
avancer de 40
tourner ↻ de 90 degrés
avancer de 100
tourner ↻ de 90 degrés
avancer de 40
tourner ↻ de 90 degrés
```

②
```
quand [drapeau] est cliqué
s'orienter à 90
stylo en position d'écriture
avancer de 80
tourner ↻ de 110 degrés
avancer de 80
tourner ↻ de 70 degrés
avancer de 80
tourner ↻ de 110 degrés
avancer de 80
tourner ↻ de 70 degrés
```

③
```
quand [drapeau] est cliqué
s'orienter à 90
stylo en position d'écriture
répéter ... fois
    avancer de 40
    tourner ↻ de 90 degrés
    avancer de 40
    tourner ↻ de 90 degrés
    avancer de 40
    tourner ↻ de 90 degrés
    avancer de 40
    tourner ↻ de 90 degrés
    attendre 1 secondes
    avancer de ...
```

1. Voici quatre figures.

Ⓐ  Ⓑ  Ⓒ 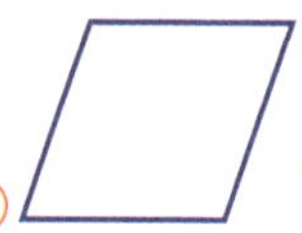 Ⓓ 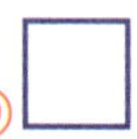

a. Quelle figure le script ① permet-il de tracer ? ....

b. Quelle figure le script ② permet-il de tracer ? ....

2. Comment faut-il compléter le script ③ afin qu'il permette de tracer la frise ci-dessous ?

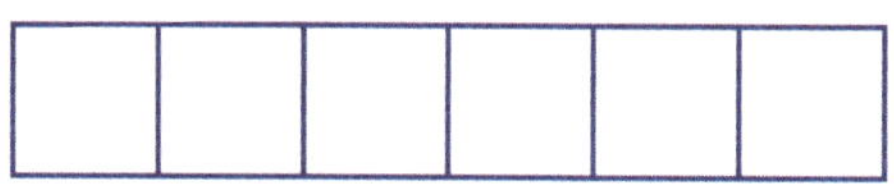

....

....

....

....

3. Comment peut-on modifier le script ③ pour qu'il permette de tracer la frise ci-dessous ?

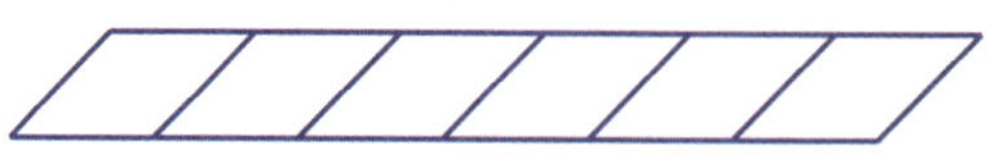

....

....

....

....

....

2 Multiples

10 min

Nombres et calculs
- boucles
- variables
- opérateurs

On considère les deux scripts suivants.

①

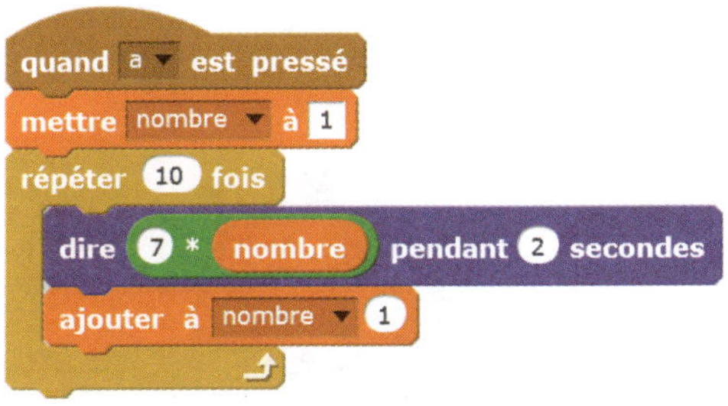

②

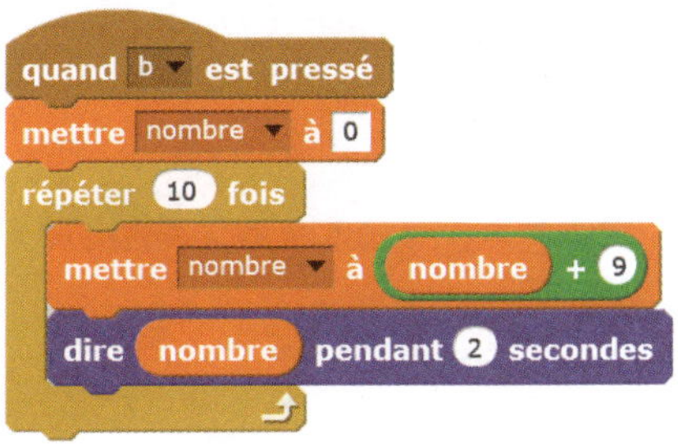

1. Que se passe-t-il lorsqu'on presse la touche « a » ?

....

....

2. Comment faut-il modifier le script ① afin qu'il donne les trente premiers multiples de 13 ? ....

....

3. Que se passe-t-il lorsque l'utilisateur presse la touche « b » ?

....

....

4. Comment faut-il modifier le script ② afin qu'il donne les cent premiers multiples pairs de 11 ? ....

....

3 Polygones

10 min

Géométrie
- boucles

1. Le script ci-contre permet de construire un polygone.

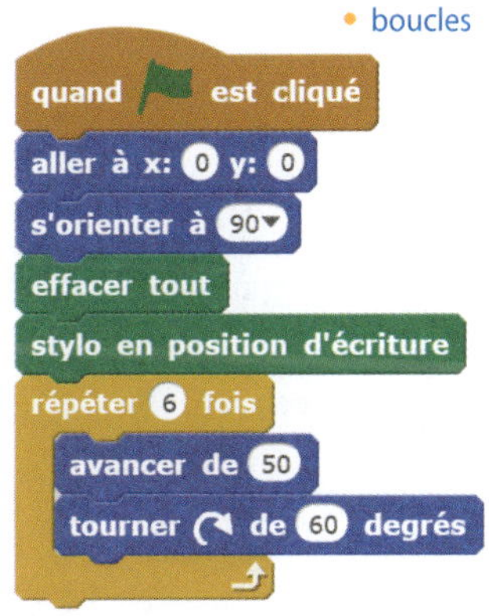

a. Combien ce polygone a-t-il de côtés ? Quel est son nom ? ....

....

b. Quelle est la longueur de ses côtés ? ....

....

c. Quel est son périmètre ? ....

....

2. Parmi les scripts suivants, entourer celui qui permet de tracer un polygone dont les côtés sont de différentes couleurs.

①

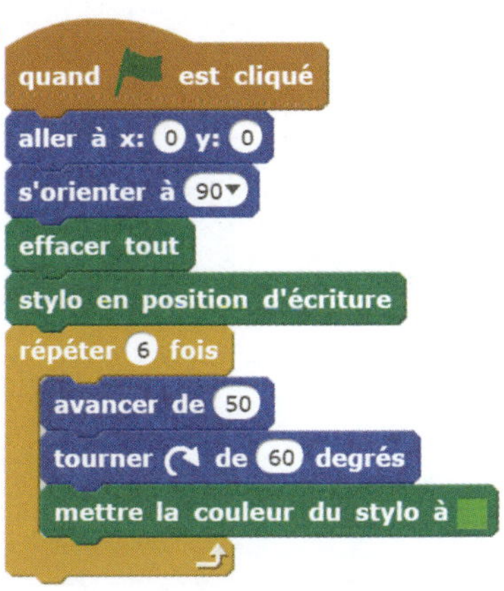

②

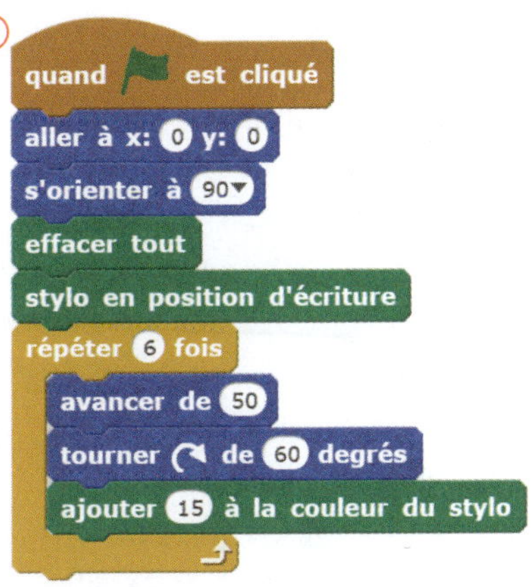

③

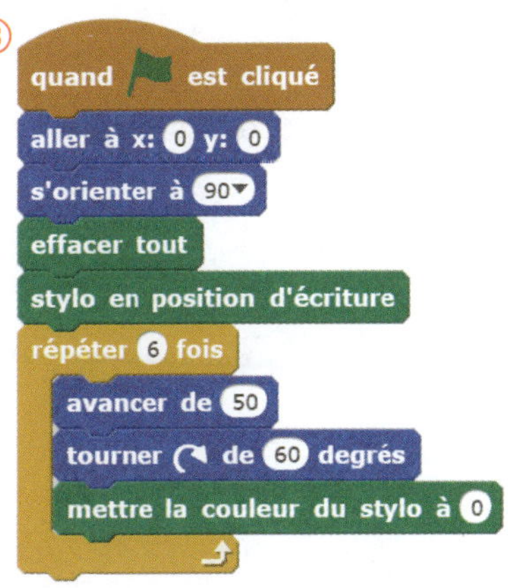

4 Constructions

20 min

Géométrie
- boucles
- variables

On considère ces trois scripts. La scène est munie d'un repère et d'un quadrillage constitué de carrés de vingt pas de côté.

①
```
quand [drapeau] est cliqué
cacher
s'orienter à 90
mettre la taille du stylo à 1
aller à x: 0 y: 0
effacer tout
stylo en position d'écriture
mettre pas à 100
répéter 6 fois
    avancer de pas
    tourner ↻ de 90 degrés
    ajouter à pas 10
```

②
```
quand [drapeau] est cliqué
cacher
s'orienter à 90
mettre la taille du stylo à 1
aller à x: 0 y: 0
effacer tout
stylo en position d'écriture
mettre pas à 100
répéter 6 fois
    tourner ↺ de 90 degrés
    avancer de pas
    ajouter à pas 10
```

③
```
quand [drapeau] est cliqué
cacher
s'orienter à 90
mettre la taille du stylo à 1
aller à x: 0 y: 0
effacer tout
stylo en position d'écriture
mettre pas à 100
répéter 6 fois
    avancer de pas
    tourner ↺ de 90 degrés
    ajouter à pas 10
```

1. Quel script permet d'obtenir la figure ci-contre ?

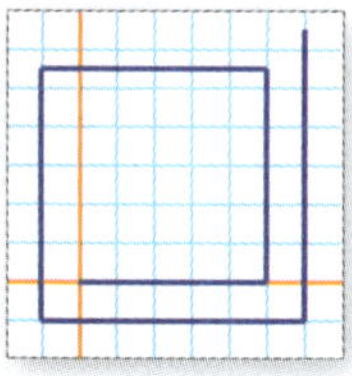

....

2. Tracer les figures obtenues avec les deux autres scripts.

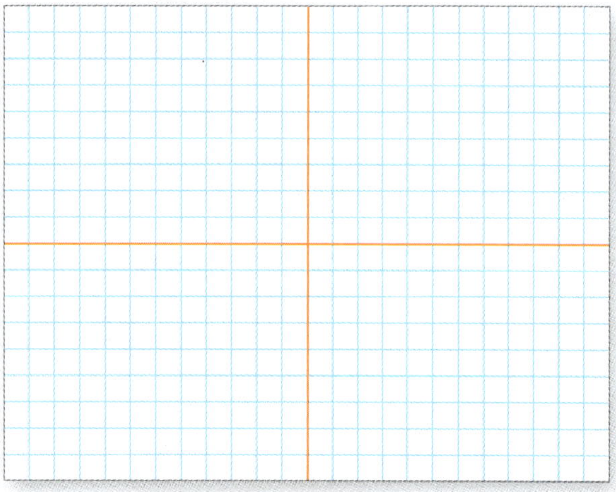

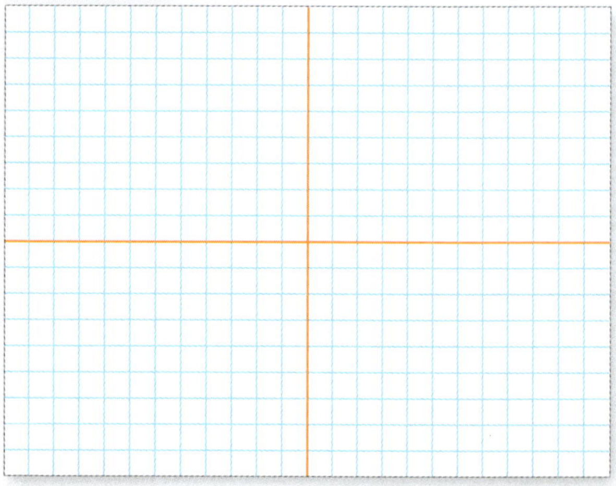

3. Quelles sont les coordonnées du point de départ du tracé ?

....

4. À quelles coordonnées se trouve le lutin lorsqu'il a terminé d'exécuter le script ③ ? Justifier la réponse.

....

....

....

....

5 15 min Diviseurs

Nombres et calculs
- instructions conditionnelles
- variables
- capteur réponse
- opérateurs

On considère le programme suivant.

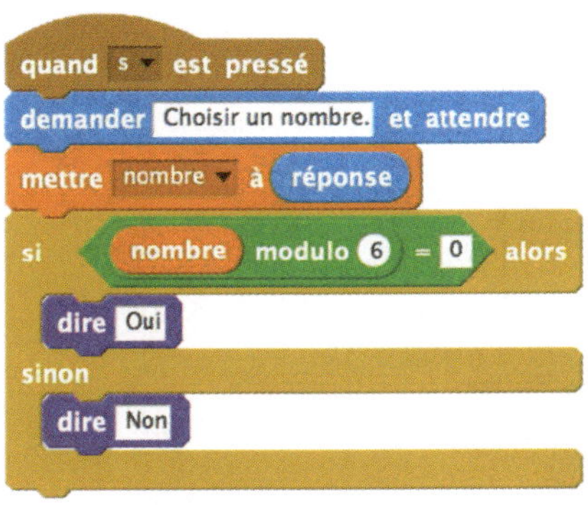

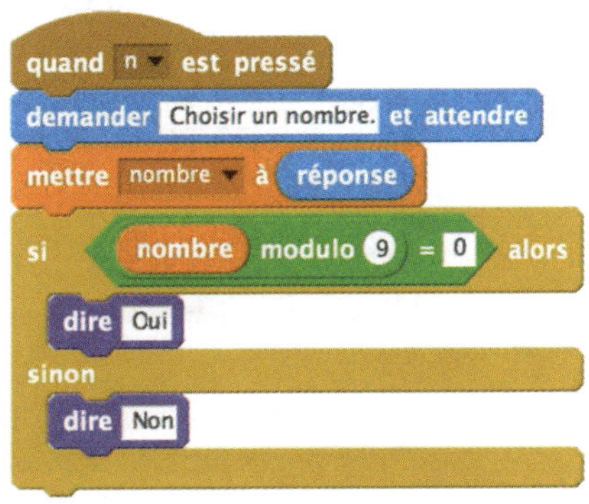

1. La commande (c modulo d) renvoie le reste de la division euclidienne de c par d.

Que renvoie (nombre modulo 6) si la variable nombre contient la valeur 48 ? Justifier la réponse.

....

....

2. L'utilisateur presse la touche « s ».

a. Que dit le lutin si le nombre saisi par l'utilisateur est 76 ? Justifier la réponse.

....

....

b. Que dit le lutin si le nombre saisi par l'utilisateur est 36 ? Justifier la réponse.

....

....

c. Quel est le plus grand nombre à deux chiffres que peut saisir l'utilisateur pour que le lutin dise « Oui » ?

....

....

3. Si l'utilisateur presse la touche « n » puis saisit le nombre 54, que dit le lutin ? Justifier la réponse.

....

4. Quel est le plus petit nombre non nul que l'utilisateur peut saisir pour que le lutin dise « Oui » dans les deux scripts ?

....

5. L'utilisateur choisit un nombre entier au hasard entre 1 et 100 et le saisit successivement dans chaque script.
Quelle est la probabilité que le lutin dise « Oui » dans les deux scripts ?

....

....

....

....

6 Pourcentages

20 min

Organisation et gestion de données, fonctions
- variables
- capteur réponse
- opérateurs

Pour la première semaine de soldes, un commerçant applique le même pourcentage de réduction à tous ses articles. Il a créé le programme suivant afin de calculer le prix après réduction.

```
quand [drapeau] est cliqué
demander [Quel est le prix de l'article ?] et attendre
mettre [Prix] à (réponse)
dire [Je vais calculer le nouveau prix] pendant (2) secondes
mettre [Prix] à ((Prix) - ((Prix) * ((30) / (100))))
dire (regroupe [Le nouveau prix est :] (Prix))
```

1. Quelle réduction ce commerçant applique-t-il ? Justifier la réponse.

....

....

....

2. Parmi les commandes suivantes, entourer celles par lesquelles on pourrait remplacer la commande `mettre [Prix] à ((Prix) - ((Prix) * ((30) / (100))))` dans le script ci-dessus.

`ajouter à [Prix] ((Prix) * (0.3))`	`mettre [Prix] à ((Prix) * (0.7))`
`ajouter à [Prix] ((Prix) * (-0.3))`	`mettre [Prix] à ((Prix) * (0.3))`

3. La deuxième semaine, le commerçant applique une nouvelle réduction de 20 % sur le prix déjà soldé.

Dans son programme, il modifie uniquement la commande `mettre [Prix] à ((Prix) - ((Prix) * ((30) / (100))))` et la remplace par la commande `mettre [prix] à ((prix) * (0.56))`.

Le commerçant a-t-il raison ? Justifier la réponse.

....

....

....

....

....

....

....

....

7 Moyenne pondérée

20 min

Organisation et gestion de données, fonctions
- variables
- capteur réponse
- opérateurs

Le script suivant permet de calculer la moyenne d'un élève ayant obtenu trois notes.

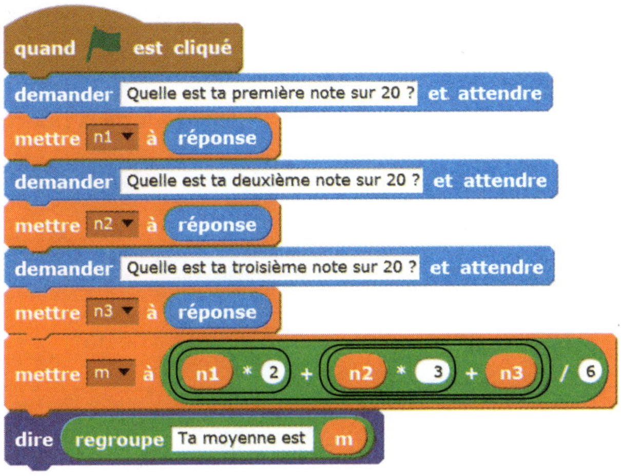

1. Les notes ont-elles toutes le même coefficient ? Préciser le coefficient de chaque note.

....

....

....

2. Yanis saisit ses trois notes, qui sont, dans l'ordre, 14 ; 9 et 11, et exécute le script. Que dit le lutin ?

....

....

....

3. Yanis a vu Maëva saisir ses deux premières notes : 13,5 et 10. Le lutin a ensuite dit « Ta moyenne est 12,5 ».
Quelle est la troisième note de Maëva ? Justifier la réponse.

....

....

....

....

....

....

4. Expliquer comment modifier ce script pour qu'il demande à l'utilisateur les notes et leur coefficient, puis calcule la moyenne.

....

....

....

....

....

8 Triangles semblables, théorème de Pythagore

20 min

Géométrie
- boucles
- variables
- opérateurs

On considère le script suivant.

```
quand drapeau est cliqué
cacher
aller à x: 0 y: -100
effacer tout
stylo en position d'écriture
mettre pas à 20
répéter 5 fois
    s'orienter à 90
    avancer de pas
    tourner ↺ de 90 degrés
    avancer de 2 * pas
    aller à x: 0 y: -100
    ajouter à pas 20
```

1. Quelles sont les coordonnées de la position initiale du lutin ? ....

2. Justifier que les commandes à l'intérieur de la boucle « répéter 5 fois » permettent de tracer un triangle. ....

3. Combien de triangles le script permet-il de tracer ? ....

4. Quelle est la nature de chacun de ces triangles ? ....

5. Ces triangles sont-ils semblables ? Justifier la réponse. ....

6. Donner les longueurs, en nombre de pas, des trois côtés du dernier triangle tracé. ....

7. Construire la figure tracée par le lutin sur le quadrillage ci-contre qui est constitué de carrés de vingt pas de côté.

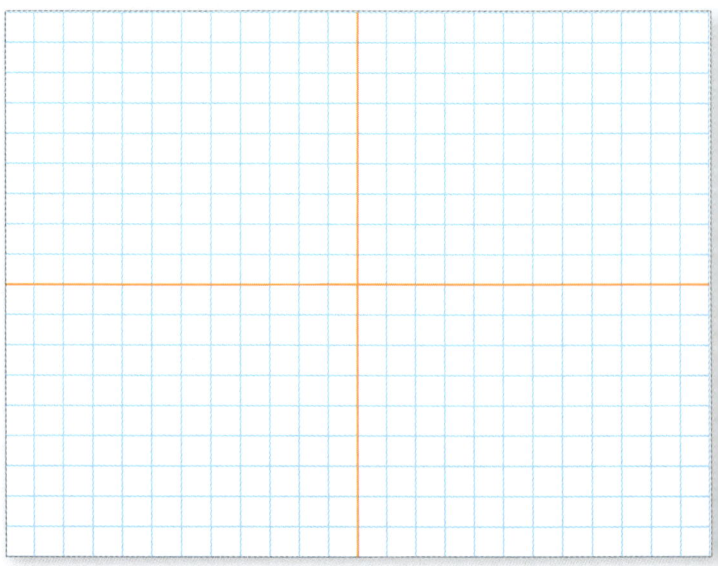

9 Frises et triangles

20 min

Géométrie
- boucles
- blocs

1. Construire dans le cadre la figure que le programme suivant permet de tracer.

```
définir Polygone
répéter 6 fois
    avancer de 30
    tourner ↻ de 60 degrés
```

```
quand [drapeau] est cliqué
aller à x: -180 y: 0
s'orienter à 90
cacher
effacer tout
stylo en position d'écriture
Polygone
```

2. Comment faut-il modifier le programme précédent pour obtenir la figure ci-dessous ?

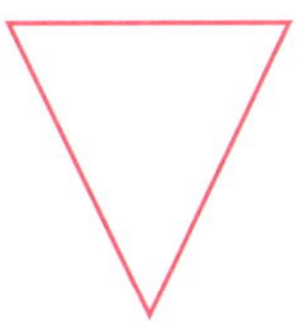

....

....

....

....

3. Cette modification effectuée, tracer le motif obtenu avec le programme suivant.

```
définir Polygone
répéter 3 fois
    avancer de 30
    tourner ↻ de 120 degrés
```

```
quand [drapeau] est cliqué
aller à x: -180 y: 0
s'orienter à 90
cacher
effacer tout
répéter 6 fois
    stylo en position d'écriture
    Polygone
    relever le stylo
    avancer de 30
```

4. Tracer le motif obtenu lorsque, dans le programme ci-dessus, on supprime la commande `relever le stylo` et on remplace la commande `avancer de 30` par la commande `avancer de 60`.

10 (10 min) Périmètre

Géométrie
- boucles
- variables

1. Le script ci-dessous permet de tracer une figure sur la scène munie d'un repère et d'un quadrillage constitué de carrés de vingt pas de côté. Tracer la figure obtenue.

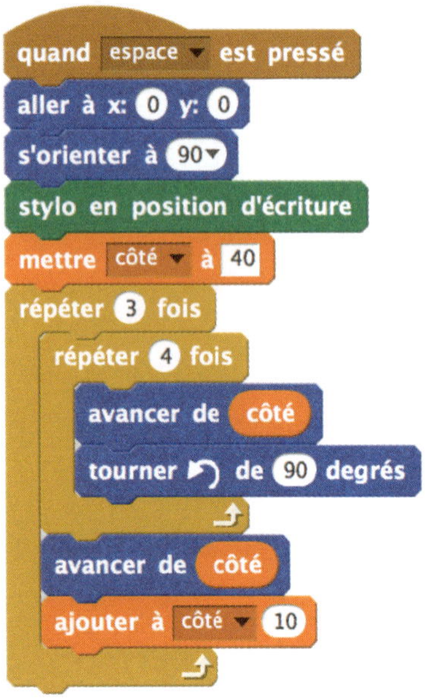

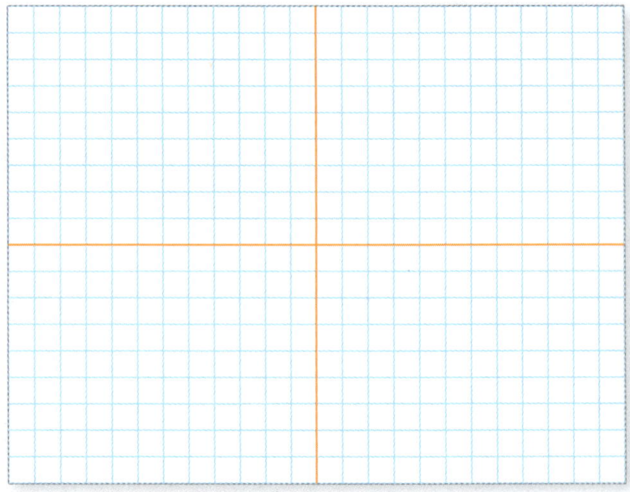

2. Quelle distance, en nombre de pas, le lutin a-t-il parcourue durant ce tracé ? Justifier la réponse.

....

11 (15 min) Calcul littéral

Nombres et calculs
- variables
- capteur réponse
- opérateurs

On considère le programme de calcul suivant.

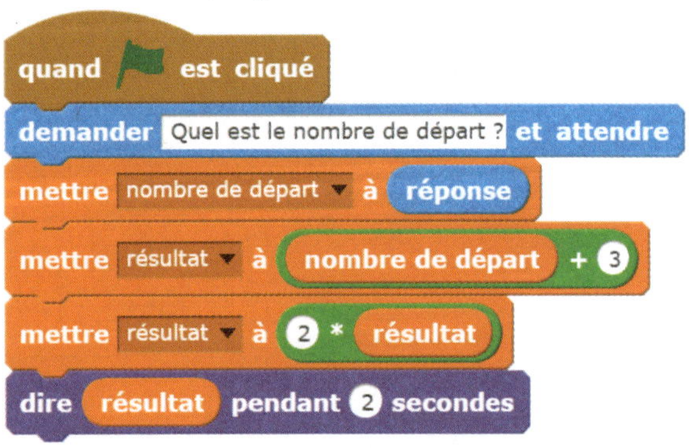

1. Si le nombre choisi au départ est 4, quel résultat le lutin annonce-t-il ? ....

2. Quel résultat le lutin annonce-t-il si le nombre choisi au départ est –2 ? ....

3. On désigne par x le nombre choisi au départ. Parmi les expressions suivantes, entourer celle qui est associée au programme.

$A = 2x + 3$ $B = 3x + 2$ $C = 2(x + 3)$ $D = x + 3 \times 2$

4. Quel est le nombre choisi au départ si le résultat dit par le lutin est –10 ? ....

5. Zoé affirme que le programme ci-contre donne le même résultat que le programme précédent. A-t-elle raison ? Justifier la réponse.

....

....

....

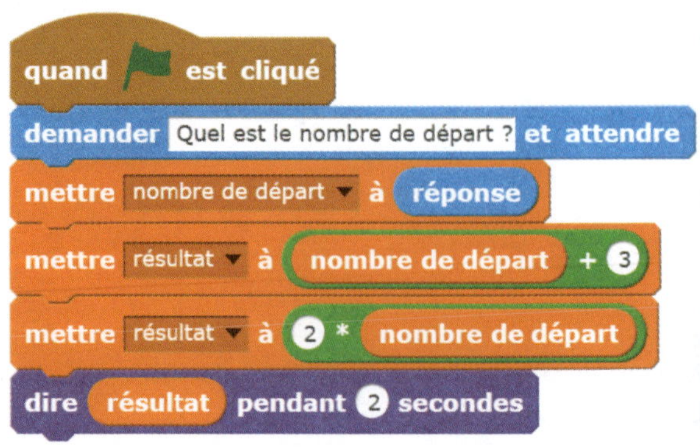

2 Probabilités, fréquences

20 min

Organisation et gestion de données, fonctions
- boucles
- instructions conditionnelles
- variables
- opérateurs

1. Corentin a voulu écrire un programme pour simuler 500 lancers d'un dé à six faces et compter le nombre de 6 sortis, mais celui-ci ne fonctionne pas.
Quelle est l'erreur commise ?

....

....

....

....

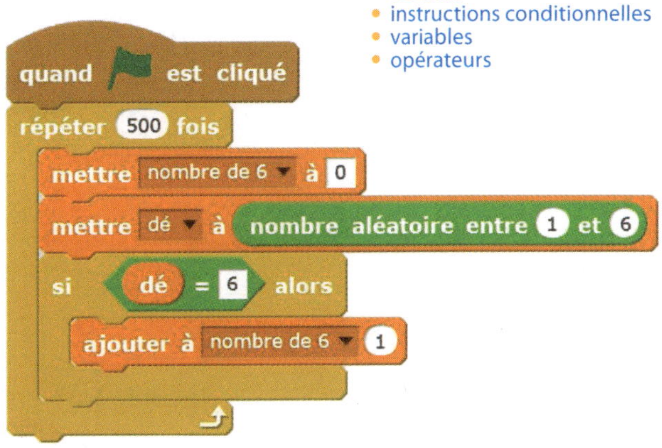

2. Corentin a corrigé son programme. Il souhaite maintenant que le lutin annonce la fréquence d'apparition du 6.
Comment peut-il modifier le programme ?

....

....

3. Donner une approximation de la fréquence affichée. Expliquer la réponse.

....

....

....

....

....

4. Corentin modifie son programme de façon à simuler le lancer de deux dés. Il veut calculer la fréquence d'apparition de l'évènement « La somme est égale à 12 ». Pour cela, il a créé les variables dé1, dé2 et nombre de 12.
Compléter son programme.

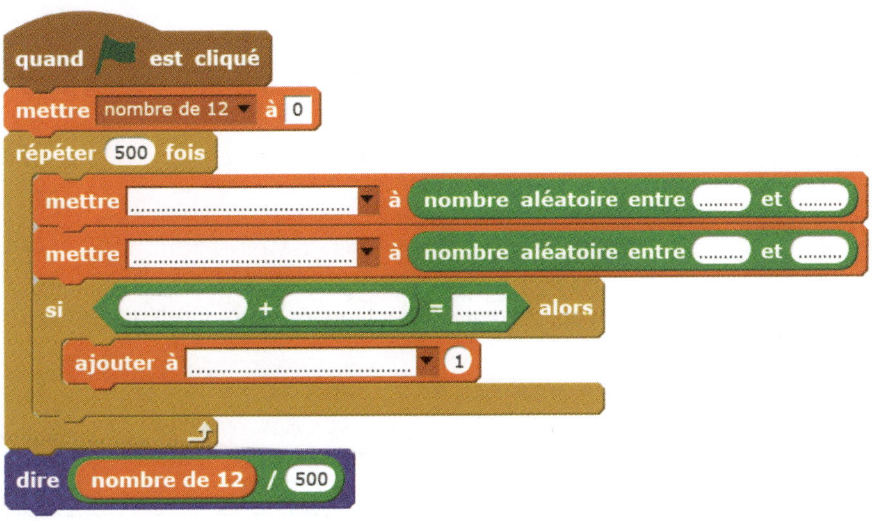

5. Donner une approximation de la fréquence affichée. ....

....

Objectif Brevet

13 Angles et rotations

20 min

Géométrie
- boucles
- blocs

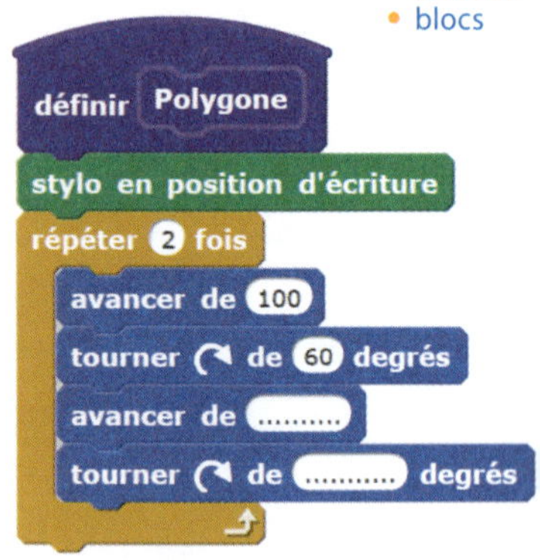

On souhaite tracer le losange de côté 100 pas suivant à l'aide du bloc Polygone.

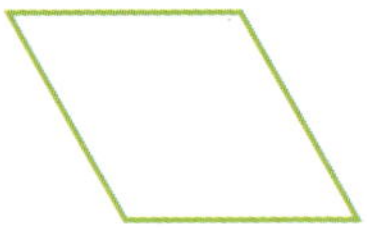

1. Compléter le script du bloc Polygone. Justifier les réponses.

....

....

....

....

2. Relier chacun des trois programmes suivants à la figure qu'il permet d'obtenir.

①

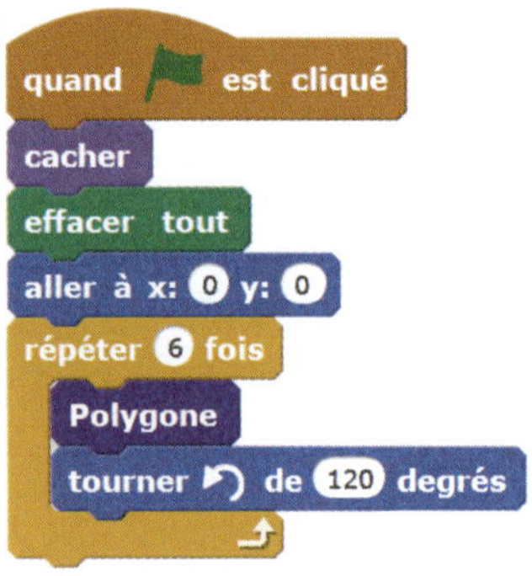

②

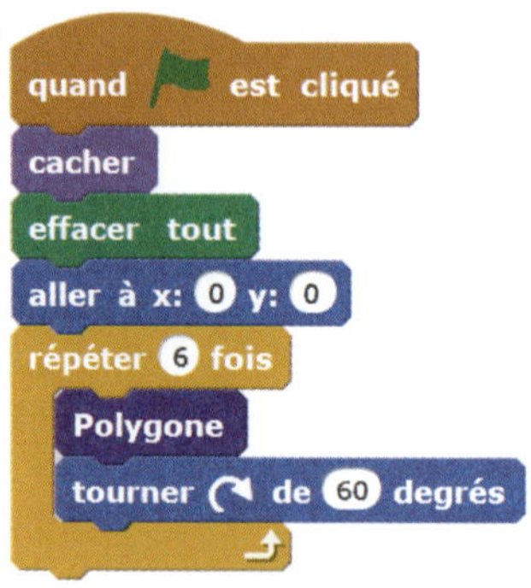

③

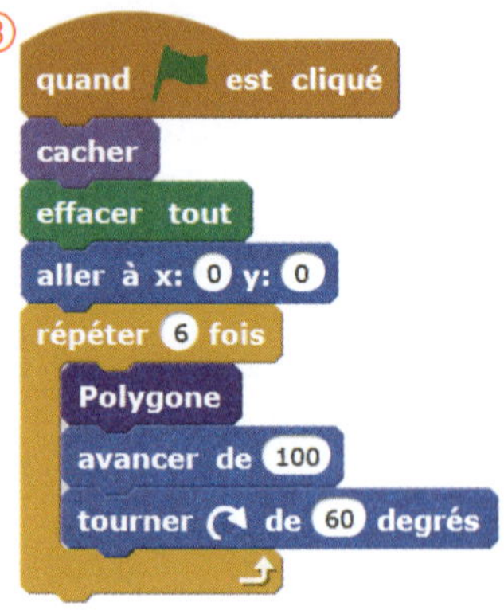

Ⓐ

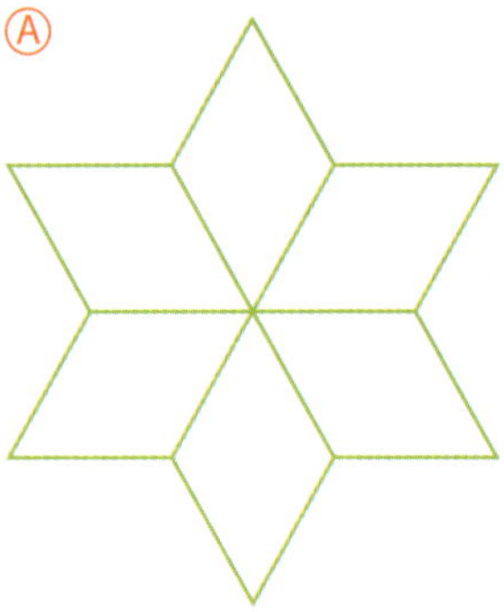

Ⓑ

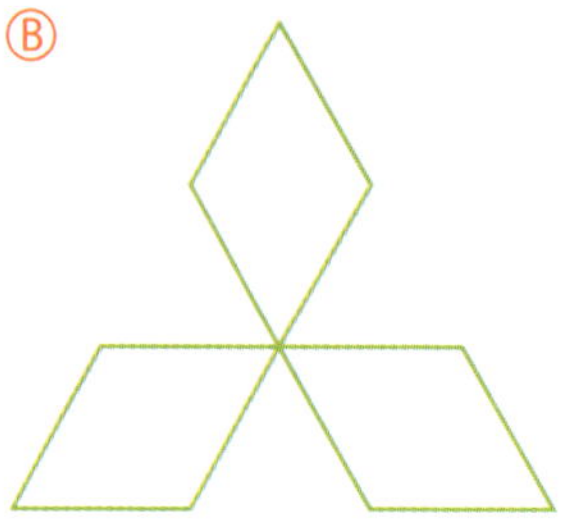

Ⓒ

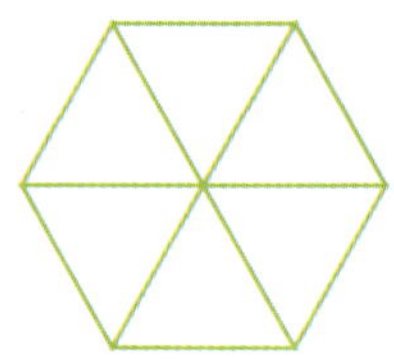

3. L'un des trois programmes précédents peut être simplifié. Lequel et pourquoi ? ....

....

....

4. Dans la figure Ⓐ, décrire une transformation qui permet d'obtenir un losange à partir de celui qui le précède.

....

....

....

4 Pourcentages successifs

Organisation et gestion de données, fonctions
- boucles
- variables
- capteur réponse
- opérateurs

1. On considère ce script.

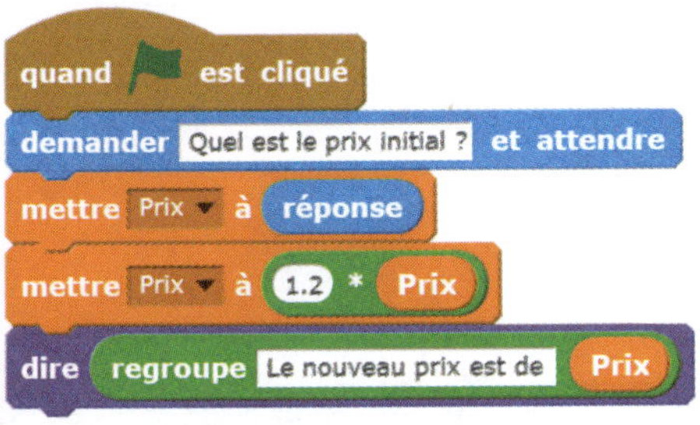

a. Hugo saisit le nombre 230. Que dit le lutin ?

b. Le lutin annonce un nouveau prix de 420. Quel était le prix saisi par Hugo ?

c. Quel pourcentage d'augmentation a été appliqué au prix initial ?

2. On modifie le script précédent comme ci-contre.
Hugo affirme que le prix initial est alors doublé. A-t-il raison ?

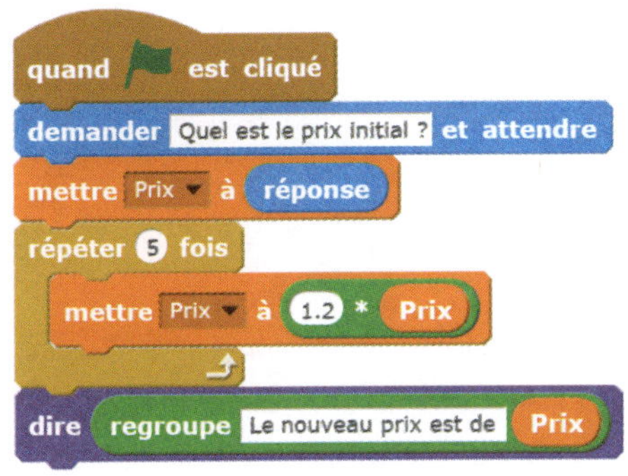

3. Comment faut-il modifier le script pour qu'il applique au prix initial :

a. trois hausses successives de 8 % ?

b. quatre baisses successives de 12 % ?

15 Équations

20 min

Nombres et calculs
- variables
- capteur réponse
- opérateurs

On considère le script ci-contre.

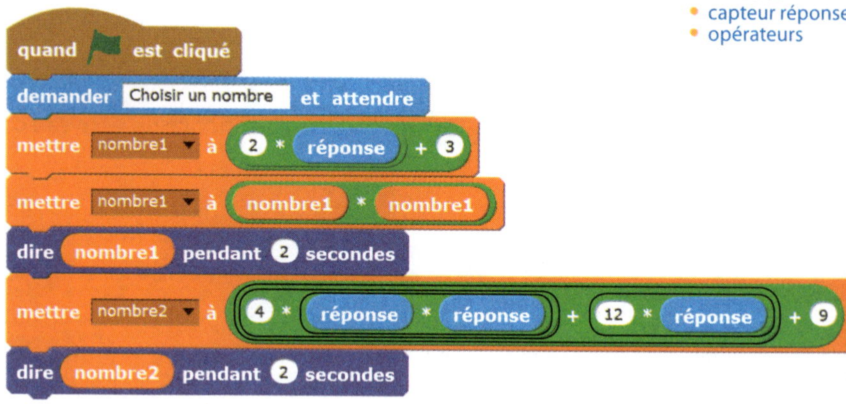

1. Que dit le lutin si le nombre saisi par l'utilisateur est :

a. 0 ? ....

b. 3 ? ....

c. – 5 ? ....

2. Que remarque-t-on ?
Prouver cette conjecture.

....

....

....

....

....

3. Quel nombre l'utilisateur peut-il saisir pour que le lutin dise le nombre 0 ?

....

....

....

....

16 Divisibilité

15 min

Nombres et calculs
- boucles
- variables
- capteur réponse
- opérateurs

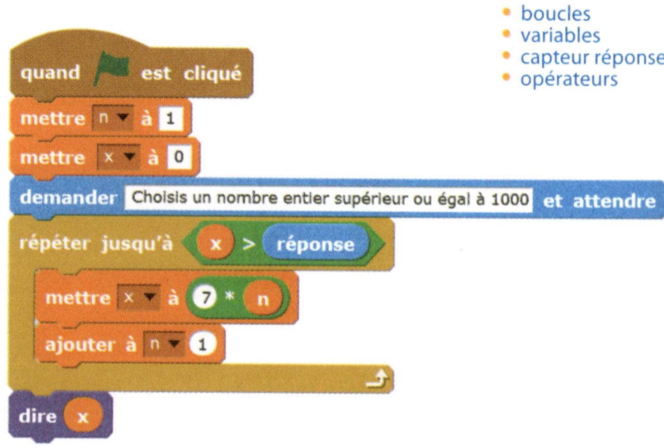

1. Combien de variables y-a-t-il dans le script ci-contre ?

Lesquelles ? ....

....

2. Que peut-on dire de toutes les valeurs contenues dans la variable x lors de l'exécution de ce script ?

....

3. Si l'utilisateur saisit le nombre 1 000, que dit le lutin ?

....

....

4. Plus généralement, quel est le rôle de ce script ? ....

....

....

5. Expliquer pourquoi tester tous les multiples de 7 en partant de 7 n'est pas utile. ....

....

....

6. Comment peut-on modifier le script pour tester les multiples de 7 à partir de 1 000 ? ....

....

....

7. Comment peut-on modifier le script pour que le lutin annonce tous les multiples de 7 testés, et pas seulement le dernier ?

....

....

7 15 min Inéquations

Nombres et calculs
- boucles
- variables
- opérateurs

Une salle de spectacle propose deux tarifs :

- **Formule A :** Abonnement de 50 € pour l'ensemble de la saison, puis 18 € par concert.
- **Formule B :** Accès aux vingt concerts de la saison pour 250 €.

1. Quelle formule est la plus économique si on assiste à cinq spectacles durant la saison ?

....

....

....

2. Ivan assiste à tous les concerts de la saison. Quelle somme économise-t-il en prenant la formule B ?

....

....

....

3. On souhaite déterminer, à l'aide du programme inachevé ci-contre, à partir de combien de concerts la formule B est plus avantageuse.

a. Compléter les trois données manquantes dans le programme.

b. Déterminer par le calcul le nombre que dit le lutin et conclure.

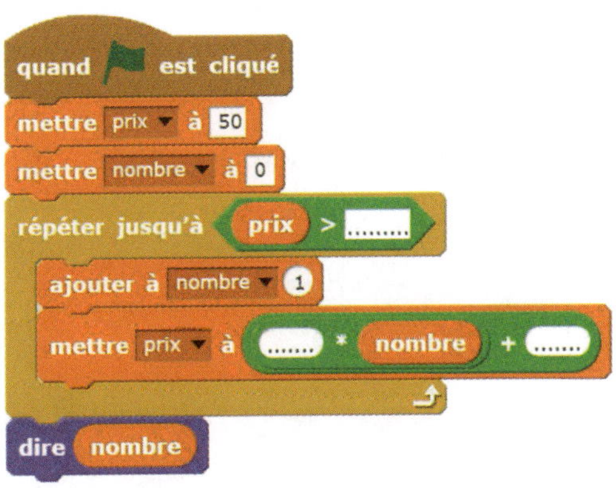

....

....

....

....

....

....

....

Objectif Brevet

18 (20 min) Fonctions, calcul littéral

Organisation et gestion de données, fonctions
- boucles
- variables
- capteur réponse
- opérateurs

1. Voici un script qui définit une fonction f : l'utilisateur entre une valeur de x, et ce script calcule son image $f(x)$ par la fonction f.

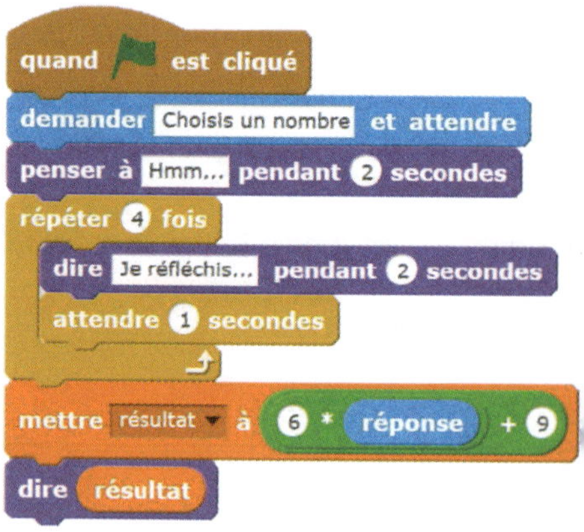

a. Combien de temps le lutin met-il à répondre après que l'utilisateur a entré un nombre ?

....

b. Que dit le lutin si le nombre saisi est 1 ? ....

c. Quelle est l'image du nombre -3 par la fonction f ? ....

d. Quel est l'antécédent de 21 par la fonction f ? ....

e. Donner l'expression algébrique de la fonction f. ....

....

f. La fonction f est-elle affine ? Justifier la réponse.

....

....

2. Voici un programme de calcul qui définit une fonction g : si on note x le nombre choisi au départ, son image $g(x)$ par la fonction g est le résultat du programme.

> Choisir un nombre.
> Lui ajouter 3.
> Mettre le résultat au carré.
> Soustraire au résultat le carré du nombre choisi.

a. Parmi les trois programmes suivants, entourer celui qui correspond à la fonction g.

①
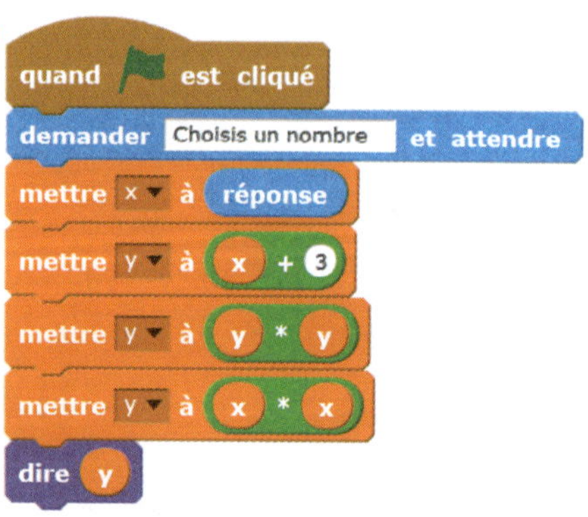

②
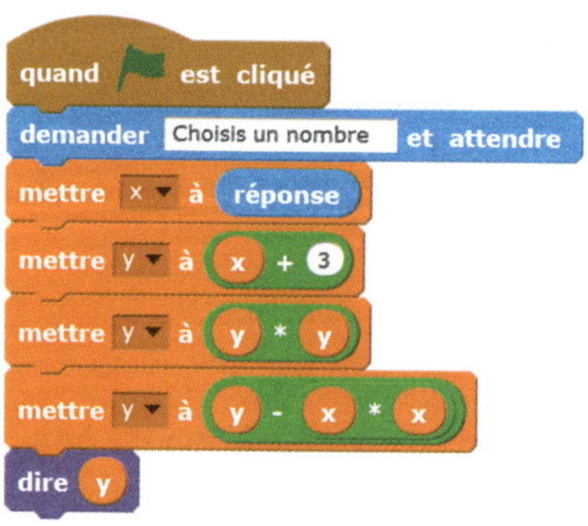

③
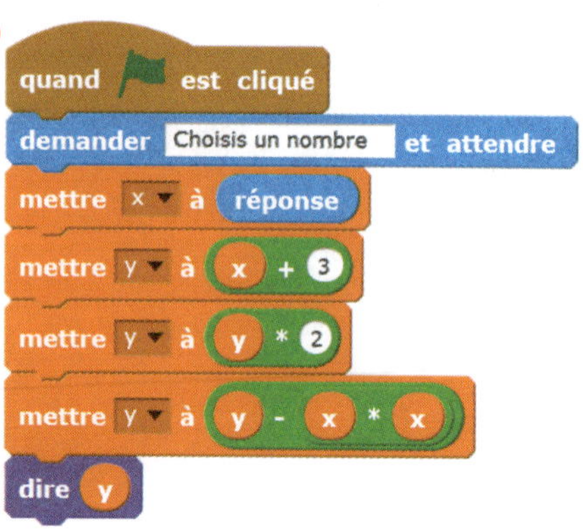

b. Quelle est l'image de -4 par la fonction g ? ....

3. Montrer que les fonctions f et g sont les mêmes, c'est-à-dire que $f(x) = g(x)$ quelle que soit la valeur de x.

....

....

....

....

....

9 15 min Fonctions affines

Organisation et gestion de données, fonctions
- boucles
- variables
- opérateurs

Voici un programme permettant de tracer une partie de la courbe représentative d'une fonction f à l'aide d'un lutin *Croix* représenté ci-contre.

```
quand [drapeau] est cliqué
mettre à (20) % de la taille initiale
mettre [nombre] à -40
effacer tout
relever le stylo
répéter (4) fois
    aller à x: (nombre) y: ((2) * (nombre)) - (40)
    estampiller
    ajouter à [nombre] (40)
    stylo en position d'écriture
```

1. La commande `estampiller` laisse une empreinte du lutin à l'endroit où il se trouve et permet donc de tracer un point.
Combien de points le script permet-il de tracer ?

....

2. Quelles sont les coordonnées :

a. Du premier point tracé ? ....

....

b. Du dernier point tracé ? ....

....

3. Déterminer l'expression algébrique de la fonction f.

....

....

4. Sarah affirme que la représentation graphique de f est une droite passant par l'origine du repère.
A-t-elle raison ? Justifier la réponse.

....

....

....

....

5. Tracer la figure obtenue dans le repère ci-dessous. Un carreau a pour côté vingt pas.

20 Homothéties

25 min

Géométrie
- boucles
- variables
- blocs

On considère le programme suivant.

```
définir Réinitialiser
cacher
aller à x: 0 y: 0
s'orienter à 90
effacer tout
```

```
définir Polygone
stylo en position d'écriture
répéter 4 fois
    avancer de longueur
    attendre 1 secondes
    tourner ↻ de 90 degrés
```

```
quand [drapeau] est cliqué
Réinitialiser
mettre longueur à 120
répéter 6 fois
    Polygone
    ajouter à longueur -20
```

1. À quoi sert le bloc Réinitialiser ?

....

....

....

....

....

2. Quelle figure le bloc Polygone permet-il de tracer ? ....

....

3. Quand on clique sur le drapeau vert, combien de fois cette figure est-elle tracée ?

....

4. Quelles sont les dimensions de la dernière figure tracée ?

....

5. Tracer ci-contre la figure obtenue en prenant 1 cm pour 20 pas.

6. Quelle transformation permet d'obtenir la dernière figure à partir de la première figure ?

....

....

....

....

....

7. Dans le script commençant par quand [drapeau] est cliqué, juste après le bloc Polygone, on ajoute les commandes suivantes.

```
relever le stylo
ajouter 10 à x
ajouter -10 à y
```

Construire, dans le cadre ci-contre et à l'échelle, la figure obtenue en cliquant sur le drapeau vert.

Achevé d'imprimer en Italie par Stige à Turin
Dépôt légal : mai 2019 - Édition 03
54/3034/4